中国旅游经济蓝皮书

Blue Book of China's Tourism Economy

2024年中国旅游经济运行分析与2025年发展预测

CHINA'S TOURISM PERFORMANCE: REVIEW & FORECAST (2024~2025)

中国旅游研究院

中国旅游出版社

《中国旅游经济蓝皮书 No.17》编委会

主　　任：戴　斌

副主任：李仲广　唐晓云

编　　委：（按姓名音序排列）

戴　斌　何琼峰　李仲广　马仪亮　宋子千

唐晓云　吴丰林　吴　普　杨宏浩　杨劲松

《中国旅游经济蓝皮书 No.17》编辑部

主　　编：戴　斌

执行主编：张　杨

编著组：（按姓名音序排列）

戴慧慧　郭　娜　韩晋芳　何琼峰　宦梅丽

胡抚生　黄　璜　蒋艳霞　李　雪　李隆辉

刘祥艳　马晓芬　吴丰林　熊　娜　徐金龙

杨宏浩　杨劲松　杨素珍　杨晓燕　战冬梅

张虹菲　张佳仪

旅游思想起

——2024年旅游经济回顾与2025年展望

2024年，旅游经济从快速复苏阶段转向繁荣发展新周期，春节、劳动节、国庆节、暑期、冰雪季等"七节两季"的国内旅游主要指标连续创下历史新高。入境旅游实现了超预期增长，出境旅游有序恢复。冰雪、避暑、研学、美食、购物、自驾、邮轮等旅游新需求带动旅游投资增长和商业创新。2025年旅游经济总体预期更为乐观，旅游业高质量发展行稳致远，主要发展指标将创下历史新高。在消费、投资、入出境数据之上，我们更加关注思想的声音，比如旅游发展成果如何惠及民众？现代旅游业体系如何完善？怎样才能建成旅游强国？如何对外讲好中国故事并推动世界旅游共同体的建设？当且仅当思想被看见，声音被听见，旅游业高质量发展才能行稳致远。

一、2024年，繁荣开始了

这一年，假日旅游人潮涌动，旅游中国，温暖向前。春节、劳动节、国庆节等七个节假日和暑期、冰雪两季，国内出游人数和旅游总消费，均全面超越了2019年同期水平。经中国旅游研究院（文化和旅游部数据中心）综合测算，暑期（6至8月）全国国内出游人数达19.49亿人次，同比增长6.0%；出游总花费达1.31万亿元，同比增长8.3%。2023-2024冰雪季，全国冰雪旅游市场规模超过4亿人次、5500亿元，双创历史新高。节假日城乡居民的出游半径、目的地游憩半径、农村居民出游率、自驾游占比等结构性数据也呈现持续扩张态势，旅游流向、流量和流质均呈现稳中有进，进中向好的趋势。随着外交、移民、公安、口岸、金融等部门政策红利的不断释放，针对外籍人员入境出台了一系列便利措施，实施"港车北上""澳车北上"等基础市场提升政策，加上文化和旅游系统在全球范围内加大推广"你好！中国"，全年入境游客数量实现了超预期增长，出境旅游市场也呈加速复苏态势。据国家移民管理局数据，2024年1月至11月，全国各口岸入境外国人2921.8万人次，同比增长86.2%，接近历史峰值。

这一年，美好城乡主客共享，旅游中国，厚植生活。旅游业已经成为日渐显著的战略性支柱产业，也是具有鲜明时代特色的民生产业、幸福产业。从风景到场景，从戏剧场到菜市场，每一座城市和乡村都是近悦远来、主客共享的美好生活新空间。从全国范围来看，观光旅游依然是基础需求，旅游景区和度假区仍然是典型的旅游空间。在出游频次和旅游花费增长的同时，我们也关注到旅游行为和消费结构正在发生显而易见的变化，反向旅游、平替旅游、白牌旅游、特种兵旅游等新概念的提出，标志着旅游经济正在进入一个多样化、个性化和品质化并存的理性消费时代。中国旅游研究院调查显示，45.5%的游客重视行程中的美食体验，59.2%的游客愿意在旅行中更加深入了解目的地美食文化。5A级旅游景区的夜间开放率增加到63%，近四成国家级旅游度假区推出夜间节事演出、室内休闲和户外娱乐，越来越多的游客希望"我的行程我做主""我的体验我做主"，更愿意为悦己的情绪价值而非从众的功能价值买单，越来越多主打"真诚、善意、温暖、包容、听劝、宠溺"的小众旅游目的地因此而出圈。

这一年，科技驱动产业升级，旅游中国，青春飞扬。航空、航运、网约车、汽车租赁、共享单车、景区、度假区、酒店、民宿、餐饮、旅行代理、导游等旅游供应链加速恢复，经典业态加快创新，更多的投资机构、科技企业和市场经营主体跨界而来。港中旅、华侨城、首旅、锦江国际、岭南商旅、浙江旅投、山东文旅、陕西旅游、四川旅游、湖北旅投、携程、开元、春秋、祥源、融创、复星等旅游集团20强为代表的骨干企业，引领重大项目投资和目的地接待体系提质增效。在彰显服务价值和创造能力的同时，6万多家旅行社和70万名导游人员开始重归重塑其产业地位和社会形象。星级旅游饭店和民宿为代表的旅游住宿业、景区与度假区等典型业态也在文化引领、科技赋能和数字化转型等方面做出了卓有成效的新探索。我们更关注那些强调科技应用、文化创造、艺术创作等新质生产力，彰显引领性、成长性和价值感的先锋企业开始崛起，如景德镇陶文旅的世界手艺、阿那亚控股的文艺生活、成都文旅的生活美学、亚朵酒店的传统待客之道、深圳奥雅设计的儿童友好、马迭尔文旅的冰雪旅游、杭州象外文旅的村落美学、合肥滨湖投控的城市更新、云南康藤的生态旅游等。在人工智能、先进制造和产业转型的加持下，一些旅游与科技融合的新赛道正在形成，一批数字化成长的新链主正在孕育。随着更多社会存量资源的激活，众多小而精、小而美、小而暖的文化新空间和旅游新场景得以创造出来，旅游业显示了前所未有的创新活力和发展潜力。

这一年，交通拉近空间距离，旅游中国，城乡一体。长三角、珠三角、京津冀、长江中游、成渝、中原、关中等都市圈和城市群，一直都是最重要的旅游客源地、集散地和目的地。从每月的城市旅游热度、"七节两季"的出游力和接待量来看，城市和交通决定旅游流的空间格局更加巩固。"北京—上海—成都"大三角和"广州—深圳—珠海"小三角，更是集聚了国内旅游的基础客源、接待体系和创新动能。由此出发，我们一直强调新时期旅游工作的重心在城市，重点在乡村。事实上，乡村旅游、古镇旅游也是围绕城市群展开的，总体呈现"大分散，小集中"的市场格局。受益于省域、城际交通和城市公共交通体系的完善，依托中心城市的一小时生活圈、两小时休闲圈、三小时旅游圈正在形成。公路旅游和自驾旅游市场的持续增长直接拉动了旅居车、越野车和乘用车的销售增长，也带动了一嗨、哈啰、神州、滴滴等租车公司的投资扩张。航空、航运、铁路、公路等基础设施领域的市场经营主体在从产品销售、运能释放和形象宣传的策略性进入，转向产业投资、创新研发和品牌成长的战略性成长，标志着一个产业资本主导的交旅深度融合新阶段的到来。

这一年，政策效应持续释放，旅游中国，开放共享。5月17日，中央首次在京召开全国旅游发展大会。习近平总书记对旅游工作作出重要指示，着力完善现代旅游业体系，加快建设旅游强国，推动旅游业高质量发展行稳致远。各部门各地方学习贯彻会议精神，分级召开旅游发展大会，密集出台促进旅游消费、优化旅游供给、推进融合发展的政策文件，极大激发城市居民的出游意愿，有效提升了企业家信心。签证和支付便利化政策效应尤为明显，我国已与26个国家互免签证，对38个国家实施单方面入境免签，对54个国家实行过境免签。2024年12月17日起，过境免签停留时间延长到240小时，对外开放口岸增加至60个，政策适用省份增加至24个，免签入境游客可在允许停留活动区域内跨省域旅行。金融部门实施的"大额刷卡、小额扫码、现金兜底"支付便利化措施，有效提升了外国入境旅游者的消费体验感。中美、中欧民航部门就增加航线和加密航班的磋商取得了实质进展，在促进国际旅游供应链恢复的同时，也极大优化了国内旅游发展的制度环境。

二、2025年，旅游思想起

2025年是"十四五"收官之年、"十五五"布局之年，也是宏观利好政策密集出台，巩固旅游经济步入繁荣发展新周期的关键一年。春节和劳动节各增加1天假期，假日作息安排原则不再安排调休，最大限度地满足人民期待和社会关切，意味着已经到来的2025年将是当代旅游发展进程中的极具标志意义的年份。综合城乡居民出游意愿、旅游供应链恢复程度、旅游投资创新、游客预订和旅行商采购指数等先行指标，旅游市场、宏观经济和社会发展政策等趋势性指标，2025年旅游经济会有更为乐观的预期，更高质量的发展。国内出游人数、旅游总花费、节假日出游距离、目的地停留时间、新增就业人员、新增固定资产投资、旅游景区、度假区、旅行社、星级酒店、等级民宿等旅游市场经营主体数量，以及入出境旅游人数、旅游外汇收入等主要指标有望全面创下历史新高。时代的进步和产业的增长，必然要求与之相适应的旅游发展理论和国家旅游战略，必然要求来源于实践的思想指导思想的实践。

在新的一年里，新时代国家旅游发展理论渐成体系。从20世纪80年代的入境旅游，到90年代中后期兴起的大众旅游，我国的旅游理论、人才培养、规划投资和项目建设，包括学科体系、学术体系和话语体系，一直在向欧美发达国家学习。当14多亿人口广泛参与旅游活动，当新质生产力推动旅游发展日新月异，当文化、科技、体育、商业、农业农村、国土海洋等国民经济各行业和社会发展各领域与旅游业深度融合，我们已经没有任何可以"抄作业"的发展模式，也没有可以直接对标对表的国家样本。无论建设世界级旅游景区和度假区、世界级旅游目的地、世界旅游线路，还是培育世界一流旅游企业，都只能走中国自己的旅游发展道路。中国旅游发展既在世界之中，也是世界之外，将是旅游强国建设进程必须面对的现实，也是必须回答的课题。在大众旅游全面发展新阶段，需要我们重新思考"旅游发展为了谁""旅游创新依靠谁""旅游开放谁主导"等战略层面的旅游发展理论和指导思想。新时代的旅游发展要让人民满意、人民受益，不断满足人民对美好生活的需要，推动文明交流互鉴，就要积极发展普惠旅游、智慧旅游、品质旅游、文明旅游，让旅游在经济社会发展和国家治理体系中发挥更大的作用。近年来，我们一直在关注农村居民的出游率、市场占比及其增速。这是应该重视而一个长期以来没有得到应有重视的基础市场，决不能只看到作为目的地的乡村，而忽视作为客源地的乡村。解决了"三不愁、两保障"的父老兄弟，逢年过节不能只靠喝酒、打牌、晒太阳打发时光，要创造条件保障县域中心城镇、广大农村居民和"老老人、小小孩"的旅游权利，有序推进包括残疾人在内的福利旅游。要加快建设惠及农村的旅游基础设施，着力完善公共交通出游体系，早日形成"市民下乡度假、农民进城休闲"的旅游发展新格局。

在新的一年里，新时代国家旅游发展战略将要重构。一是稳步构建陆海协同、立体出游的空间战略。这是站在旅游强国与海洋强国交汇点上的必然选择，也是彰显国家海洋权利和培育国民海洋意识的必然要求。依托沿海城市旅游带，重点培育海洋旅游发展区和陆地旅游辐射区，积极发展海滨城市休闲、海岛休闲度假、近海游艇、远洋邮轮等业态。抓住民用航空、通用航空、低空飞行、高速公路、高速铁路、内河航运的发展机遇，构建城乡居民立体出游交通网。二是加快推进昼夜交织、四季出游的时间战略。这是大众旅游全面发展新阶段的内在规律，随着人民旅游意愿的增长和旅游经验的丰富，加上基础设施和公共服务的完善，以及商业环境的现代化，游客在行程中不再只是"白天观景，晚上睡觉"。无论春夏秋冬，还是白天夜晚，越来越多的人民在旅程中领略自然之美，领悟文化之美，尽享生活的美好。三是协同推进国内为主、国际协同的市场战略。广袤的国土面积、14多亿人口和发展中国家地位，决定了国内旅游在相当长的历史时期内都是基础市场。同时还要以更加开放的政策体系和更加完善的商业环境，为入境旅游者提供自由、便捷、高效而有品质的服务。我们将不必要也不可能在任何时候对任何国家保持贸易顺差，但是会更加关注出境旅游者的安全、平等、便利、品质。中国将成为重塑全球旅游格局日益重要的力量，旅游也将在对外关系特别是"一带一路"倡议、上海合作组织、金砖国家机制中扮演更为关键的角色，发挥更加重要的作用。四是实施存量优化、创新牵引的产业战略。随着人口红利的消失，旅游资源潜力的释放更多依赖于技术创新和市场创新，最终取决于高水平的人才培养和教育培训机制的根本性变革。务实高效地培育一批具有国际竞争力和全球影响力的世界一流旅游企业，已经成为建设世界旅游强国的当务之急。

在新的一年里，旅游将深度融入城乡居民的美好生活，并在国家治理体系中扮演更加重要的角色。社区与市民的幸福生活密切相关，也是城市漫游的空间载体，城市更新和乡村振兴将带来更多"小而精、小而美、小而暖"的项目。2024年国庆节过后，北京市宣布建成了3处郊野公园、15处休闲公园、200公顷城市绿地和30个社区微花园。这些镶嵌在社区和乡镇的微花园，提升了城乡居民的幸福感和获得感，也为新时代的城市漫游（City Walk）、城市骑行（City Bike）提供了更多美好而温暖的体验场景。我们注意到，2024年10月起，北京奥林匹克森林公园实现历史性开放，没有围栏，没有安检，共享单车也可以自由进出。上海的公共博物馆不再需要预约和查验身份信息，市民和游客可以自由进入。越来越多的城市管理者着力营造开放、包容、活力、有序的都市生活新空间。从杭州的西湖到桂林的象鼻山，从扬州的政府大院到北京的奥森公园，一切自然和历史馈赠给人民的资源，都应当为人民所共享；一切人民所有的公共空间，都应当允许人民自由地进入。在这片美丽的土地上，在这颗蓝色的星球上，每个人都可以自由、平等和有尊严地行走，这才是旅游该有的样子吧。

在新的一年里，旅游业的战略性支柱产业地位将更加显著，市场机制和市场主体将发挥更为关键的作用。旅游是基础性、长期性、增长性需求，旅游业是综合性、带动性、兼容性的现代服务业，已经成为日渐显著的战略性支柱产业。研究旅游业的经济作用和社会功能，不仅要看出游人次、旅游花费、从业人员等直接经济指标，也要看拉动消费、带动投资、扩大就业、科技应用场景、情绪价值、城市形象、人民获得感幸福感等综合效应。改革开放特别是党的十八大以来，旅游业的战略性支柱产业地位日渐彰显。2009年，中央政府以国发文件的形式提出"将旅游业培育成为国家经济的战略性支柱产业和人民群众更加满意的现代服务业"。2024年5月17日，习近平总书记对旅游工作作出重要指示，旅游业从小到大、由弱渐强，日益成为新兴的战略性支柱产业和具有显著时代特征的民生产业、幸福产业。2024年10月，习近平总书记视察福建和安徽时强调，要进一步推动文化和旅游融合发展，发展全域旅游，把文化旅游业打造成为支柱产业。推动旅游业高质量发展，要尊重市场规律，特别是要高度重视企业家和企业家精神。无论是社会认识，还是治理实践，都不应当再视"士农工商"的差序格局为理所当然了。一切为了国家富强、人民幸福的创造者，一切为了旅游权利和劳动权益而创新者，都应当获得其应有的社会地位和职业尊严。一切投身旅游领域的企业家、经理人和从业者，都应当心怀梦想，逐光而行。

在新的一年里，城市旅游热点更热、温点升温的趋势更加明显，中国将在全球旅游发展体系中扮演更为重要的角色。高线城市热度将在全年和主要节假日继续保持高位运行，随着亲子游、研学游、红色游、冰雪游、避暑游、"上山下海进草原"等专题旅游需求的不断释放，云贵川、陕甘宁、新疆、西藏和内蒙古等地的城市热度将有望加速增长，张家口、赤峰、赣州、齐齐哈尔、桂林、鄂尔多斯、乌兰浩特、遵义、曲靖、大理、哈尔滨、延吉、喀什等众多小机场城市，包括县域中心城镇将迎来旅游市场扩容和产业发展新机遇。随着地缘政治对国际旅游影响的减弱，入出境旅游市场将迎来加速复苏新阶段。东北亚地区旅游交流热度将明显回升，东盟国家和港澳地区的基础市场地位更加稳固。西亚、北非、中亚和中东欧等"一带一路"沿线国家将成为入出境旅游市场新亮点，上海合作组织、金砖国家机制、中非合作论坛等多边机制框架下的旅游合作深化将吸引更多中外游客往来。跨境旅游合作区和边境旅游试验区将为沿边地区旅游发展带来新机遇。在新的一年里，会有越来越多的国家认同并践行全球发展倡议、全球安全倡议和全球文明倡议，世界旅游共同体正在孕育成型。

三、2025年，发展新举措

一是统筹政府与市场。新时代的旅游工作既要"放得活"，也要"管得住"，重点是"放得活"。任何部门、任何地方、任何时候，都要对市场心存敬畏，充分发挥市场在资源配置和产业发展中的决定性作用，加快形成"政府引导、社会参与、多元投入、市场运作"的旅游发展新机制。加强党对旅游工作的全面领导，完善旅游法规体系，不断提升旅游领域治理体系和治理能力的现代化水平。加快《旅游法》《旅行社管理条例》《导游人员管理条例》等法律法规的修订，推动《旅游景区和度假区管理条例》等行政立法，完善《研学旅游管理办法》《旅游演艺管理办法》《旅游安全管理办法》等部门规章，形成国家法律、行政法规、部门规章为重点的旅游法律法规体系，加快改变"旅游部门依靠标准创牌子、地方动员和企业投入挂牌子"的传统模式，形成依法兴旅、依法治旅的旅游工作新格局。行政主体不能为了刷存在感而动辄对投资机构、市场主体，特别是创业团队下指导棋，对新需求、新市场、新业态实施包容审慎式监管。旅游部门要在完善统计体系、加强市场治理、优化公共服务、提高游客满意度方面投入更大的精力，力争取得明显成效。尽快发布首批世界旅游景区和度假区建设名单，尽快将世界级城市和乡村旅游目的地建设、世界级和国家级旅游线路推广，以及世界级旅游企业培育提到议题日程上来。不能继续走"政府发文件、部委挂牌子、地方开大会、企业大投资"的老路子，而是按照"国家的事情国家办"的原则，予以看得见的财政、金融、发改、国土、外交、移民、外宣、文化和旅游领域的政策保障。

　　二是统筹好供给与需求。消费是理解旅游经济的钥匙，高水平旅游消费是高质量旅游供给的前提。从需求侧入手，最大限度提升旅游消费意愿，释放旅游消费潜力，是当前和今后一个时期旅游工作的着力点，也是政策发力点。解决了"两不愁、三保障"以后，要实施覆盖社会各阶层、各群体、各年龄段的普惠旅游，完善城乡公共交通体系，加快形成"城里人下乡度假，农村人进城休闲"的城乡居民双向旅游新格局。人民群众有意愿也有条件外出旅游，市场基础才会变得更厚，投资机构和市场主体自然也就愿意将资本、技术和人力资源投入旅游领域。为此，要以更加系统、科学和精准的市场数据，加上权威而及时的解读，向市场发出明确的信号，稳住消费预期，提振产业信心。在预测研判假日旅游、冰雪旅游、旅居康养、研学旅游、自驾旅游、铁路旅游等重要节点和专项市场的基础上，统筹安排2025年"两季七节"的优质旅游供给，鼓励有条件的地区开展无人机＋烟花秀、非遗市集、跨年演唱会等文化和旅游融合的节事活动。春节8天假期，国内和出境旅游各项指标将再创新高，冰雪旅游和春节假日旅游的"开门红"将奠定全年旅游经济"高开高走、量价齐升"的基本面。

　　三是统筹保护与开发。发展旅游业，首先还是要强化保护意识。生态资源和人文资源是发展旅游的基础，一旦破坏，旅游经济也成了无源之水、无本之木。发展绿色旅游是适应旅游发展规律的必然结果。党的十八大以来，我国生态环境保护实现了历史性、转折性、全面性跨越，党的十九大明确提出到2035年基本实现美丽中国建设目标。无论是以国家公园为主体的自然保护地体系、国家植物园体系，还是以绿色能源战略为主导的高科技产业与现代服务业的融合发展，都在重塑大众旅游全面发展新阶段的国土空间格局，也奠定了绿色旅游的资源基础和未来走向。在习近平生态文明思想的指导下，旅游系统和旅游行业要将绿色旅游纳入年度工作和中长期发展规划重点。建设和完善中国特色的绿色旅游发展理论，系统总结山岳、湖泊、冰雪、森林、草原、沙漠、温泉等绿色旅游发展实践，重点关注历史文化名城、古村古镇、都市中的乡村、民族地区、革命老区、文化传承与保护区的旅游投资和项目运营，培育一批绿色线路、项目和产品，引导一批绿色旅游装备装具企业，推广一批绿色旅游发展案例。在绿色旅游理论建构和实践创新的过程中，应重点关注旅游活动与自然环境、游客权利与居民权益、经济增长与社会发展之间的协同发展。为此，旅游部门和科研机构要稳步建立绿色旅游监测点、案例库和数据库，并及时发布专项数据和专题报告。

四是统筹国际与国内。进一步扩大对外开放，提升入境旅游和消费便利化水平，提振行业和系统发展入境旅游的信心。用好旅游工作协调机制，协同外交、移民、公安、金融等部门，进一步扩大相互免签、单方面免签、邮轮口岸免签、240小时过境免签的国家范围。建设更加友好的住宿、餐饮、购物和文化娱乐环境，有序推动银联卡与国际信用卡互认互联互通。增加包括政府机构在内的社会访问点，培育一批省、市、县级文化和旅游深度融合示范区。推进国家旅游推广体系的改革创新，重构全球化视野、市场化导向的国家旅游推广机构，建设职业化导向、专业化运作的人才队伍。推动有条件的省市打造各具特色的入境旅游首站目的地，支持建设具有地方特色的海外旅游推广机构，与现有的海外文化中心和驻外旅游办事处形成分工合作、相互促进的全球旅游推广工作新格局。

五是统筹发展与安全。越是进入大众旅游全面发展的新阶段，越是要坚持统筹发展与安全，坚持发展与安全并重，特别是生产安全、文化安全和意识形态安全。生命高于景观，安全和卫生是旅游最基本的要求。旅游部门要加强与公安、商务、卫健、市监、教育、体育等部门的合作，建立跨部门旅游安全工作协同机制和跨地区旅游安全信息共享机制。稳步构建"以自助游客为基础、团队游客为重点，公安、市监和旅游部门联动，社会广泛参与，游客普遍受益"的旅游安全工作新格局，探索跨国旅游警务合作新模式。在应用人工智能、大数据、音视频和通讯信令采集等科技手段保障游客安全的同时，要高度重视并采取有效措施保护游客隐私和经营者的商业秘密。旅游者和旅游从业者要牢固树立并自觉践行"没有安全就没有旅游"的发展理念，从服务流程和质量标准上让旅游安全成为过程可视化、结果可量化的硬约束。要以法治观念和契约精神，用好宣传和媒体力量，推动旅游目的地和市场主体不断优化安全、友好而负责任的旅游环境。

新的一年来了，我们看到了旅游繁荣的模样，我们更听见了旅游思想的声音。

本书是中国旅游研究院（文化和旅游部数据中心）"中国旅游经济蓝皮书"系列年度报告的第十七部。全书凝结了全院的集体智慧，由戴斌院长总体学术指导和最终审定，张杨同志负责具体组织及初审。各章节执笔人员如下：第一章戴斌、张杨、张佳仪、韩晋芳、宦梅丽；第二章第一节、第二节杨素珍、戴慧慧、何琼峰，第三节吴丰林、黄璜、李雪、郭娜；第三章李隆辉、张虹菲、杨晓燕、徐金龙；第四章杨劲松、刘祥艳、马晓芬；第五章杨宏浩、战冬梅、张杨；第六章第一节蒋艳霞，第二节胡抚生，第三节熊娜；第七章张佳仪。

中国旅游研究院院长、文化和旅游部数据中心主任
教授、博士生导师
2025 年 1 月 24 日

CONTENTS 目 录

第一章 总体研判与发展预测 ………………………………………… 1
 一、2024 年旅游经济快速复苏，走向繁荣发展新周期 …………… 2
 二、2025 年旅游经济将有更为乐观的预期与更高质量的增长 …… 8
 三、创新政策供给，推进文旅融合高质量发展 …………………… 11

第二章 旅游消费变迁与国内市场演化 …………………………… 13
 一、全年旅游市场从快速复苏走向繁荣发展 ……………………… 14
 二、专项市场旅游消费稳步繁荣 …………………………………… 22
 三、区域均衡和意识觉醒，推动国内旅游整体迈入高质量发展
  新阶段 ……………………………………………………………… 31

第三章 港澳台旅游交流合作 ……………………………………… 39
 一、港澳台旅游发展现状及趋势 …………………………………… 40
 二、大湾区一体化与港澳旅游协同发展 …………………………… 45
 三、持续深化两岸旅游交流合作 …………………………………… 48
 四、构建港澳台旅游交流合作新格局 ……………………………… 50

第四章	全球视野中的入出境旅游市场 ……………………………………… 53
	一、快速复苏的世界旅游业 ……………………………………………… 54
	二、入境旅游进入加速复苏新通道 ……………………………………… 58
	三、出境旅游进入常态发展新阶段，但总体不及预期 ………………… 62

第五章	现代旅游业体系建设 ……………………………………………… 67
	一、产业发展总体判断 …………………………………………………… 68
	二、旅游景区度假区发展 ………………………………………………… 69
	三、旅行服务业发展 ……………………………………………………… 72
	四、旅游住宿业发展 ……………………………………………………… 74

第六章	推进中国式现代化旅游公共服务与治理体系 ………………… 79
	一、旅游政策：从快速复苏到繁荣发展 ………………………………… 80
	二、旅游行政治理：守正创新开拓新局面 ……………………………… 84
	三、推进旅游公共服务提质升级 ………………………………………… 88

第七章	游客满意度与旅游高质量发展 …………………………………… 95
	一、全国游客满意度回归稳步上升周期 ………………………………… 96
	二、细分化需求引领多元化、垂直化市场供给 ………………………… 102
	三、趋势及建议 …………………………………………………………… 104

第一章

总体研判与发展预测

2024年，习近平总书记对旅游工作作出重要指示，中央召开全国旅游发展大会。受政策利好、供给优化和出游意愿上涨等叠加因素影响，旅游经济从快速复苏阶段转向繁荣发展新周期。国内旅游总花费、出游总人次、节假日平均出游距离、目的地停留时间等主要指标均已经超过或接近2019年水平。节假日、暑季、冰雪季等"七节两季"的避暑、研学、冰雪、美食、购物、自驾、邮轮等旅游新需求带动旅游投资增长和商业创新。受签证、消费和支付便利化、"你好！中国"全球推广等利好影响，入出境旅游市场实现了超预期增长。2025年旅游经济总体预期更为乐观，主要发展指标将创下历史新高。要全面地、发展地解读旅游经济数据，释放更加积极的市场信号。抓好冰雪季和春节旅游市场推广和优质供给，力争全年旅游经济高开高走。面向下沉市场和升级需求，发展普惠旅游，提升服务品质，创造文化休闲新空间和旅游消费新场景。加快建设旅游强国的景区、度假区、城市、街区、线路和企业支撑，推动更大力度的对外开放，丰富入境旅游产品体系，保障入出境游客安全感获得感幸福感。完善公共服务，优化市场环境，重点提升旅游领域治理体系和治理能力的现代化水平。

一、2024年旅游经济快速复苏，走向繁荣发展新周期

受各项政策利好的叠加影响，城乡居民出游意愿高涨，假日旅游人潮涌动，暑期和冰雪两季旅游指标创下历史新高，入出境旅游实现超预期增长。消费拉动旅游投资和创业创新，基础设施、公共服务和商业环境持续完善，2024年旅游经济从快速复苏新阶段走向繁荣发展新周期。全年旅游经济景气指数（CTA—TEP）同比增长2.1%，处于景气区间，从分季度指标看，呈现波动上升趋势（图1-1）。据中国旅游研究院（文化和旅游部数据中心）课题组（以下简称"课题组"）测算，预计2024年国内旅游人数56.59亿人次、国内旅游总

花费 5.81 万亿元、节假日国内游客平均出游半径 187.76 公里、国内游客在目的地的平均游憩半径 15.43 公里，旅游经济主要指标已经总体恢复至 2019 年水平（表 1-1）。

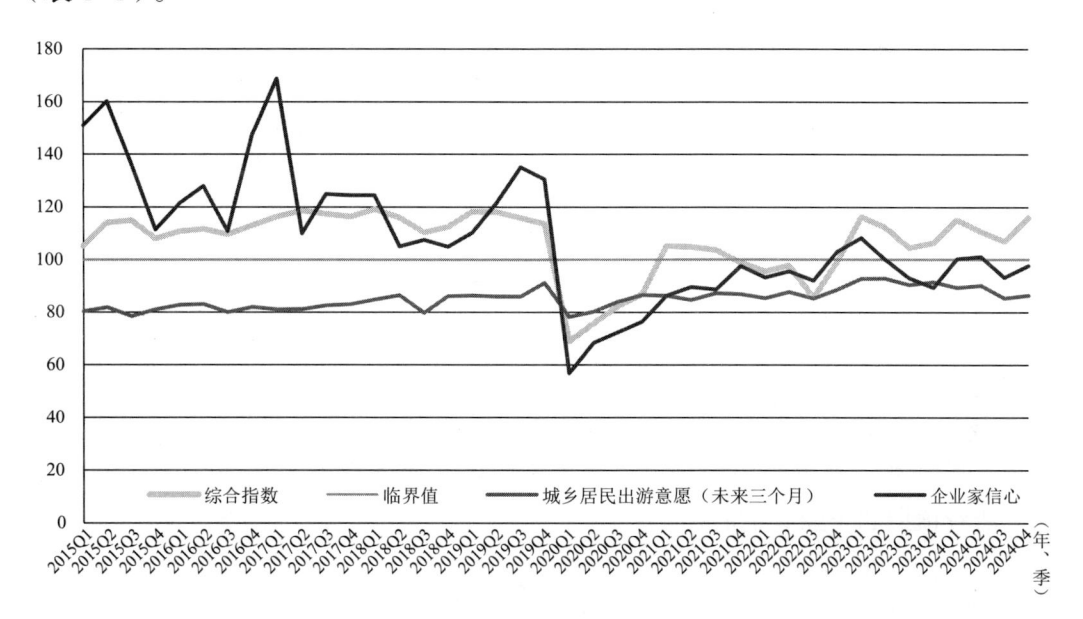

图 1-1　2015~2024 年旅游经济运行综合指数

表 1-1　2024 年旅游经济主要指标预测

指标项	2024 年	同比增长	相对 2019 年恢复率
国内旅游人数（亿人次）	56.59	15.7%	94.2%
国内旅游总花费（万亿元）	5.81	18.4%	101.5%
入境旅游人数（亿人次）	1.27	55.4%	87.9%
国际旅游收入（亿美元）	1105.9	108.8%	84.2%
出境旅游人数（亿人次）	1.21	38.2%	78.3%

注：入出境旅游市场指标保持与 2019 年相同口径。

1. "两季七节"市场数据显示旅游经济进入繁荣发展新周期

暑期旅游再创新高，冰雪旅游持续扩容。经课题组综合测算，暑期（6 至 8 月）全国国内出游人数达 19.49 亿人次，同比增长 6.0%；出游总花费达 1.31

万亿元，同比增长8.3%，出游距离、游憩半径和游客满意度均创下历史新高。2023—2024年冰雪季，全国冰雪旅游首次超过4亿人次，收入达5500亿元。冰雪旅游休闲正在东北、华北、西北形成"三北之弧"，并逐步拓展至长三角、珠三角、长江中游、川渝、中原城市群，形成"多点连片"的新空间格局。

假日旅游人潮涌动，极大提振了市场信心。旅游是国民经济的晴雨表，假日是旅游经济的温度计，2024年假日旅游市场高开稳走。据课题组综合测算，2024年元旦、春节、清明节、劳动节、端午节、中秋节、国庆节假日期间，城乡居民日均出游人次几近全面超过2019年，春节、国庆等5个假日人均旅游花费超过2019年同期水平（图1-2，图1-3）。假日旅游市场的客流增长更快、消费更高、流速更快、体验更多，旅游流向呈现热点更热、温点升温的特征，旅游目的地形成了融合创新、开放共享的新格局，旅游服务品质得到全面提升，旅游中国，温暖向前。作为旅游市场热度、接待能力、供给创新的关键窗口期，假日市场带动了旅游经济稳中有进，进中向好，有效提升了城乡居民的出游意愿、消费预期和企业家信心。

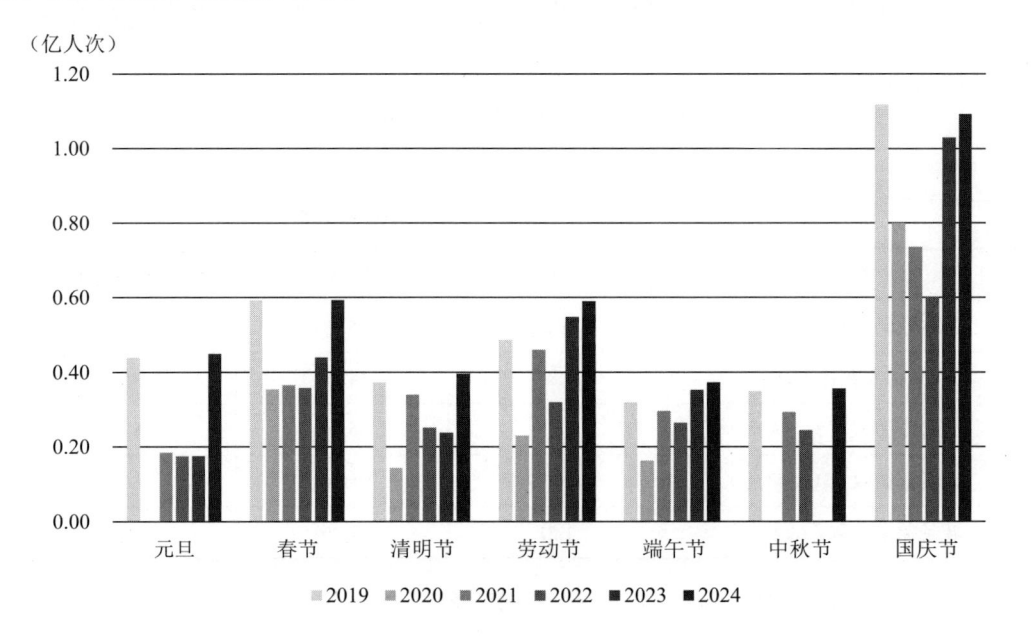

图1-2 2019~2024年节假日单日出游规模（亿人次）

注：2021年以前为接待口径，2021年起调整为出游口径。2020元旦放假一天未统计。中秋国庆如重叠，合并至国庆节统计。

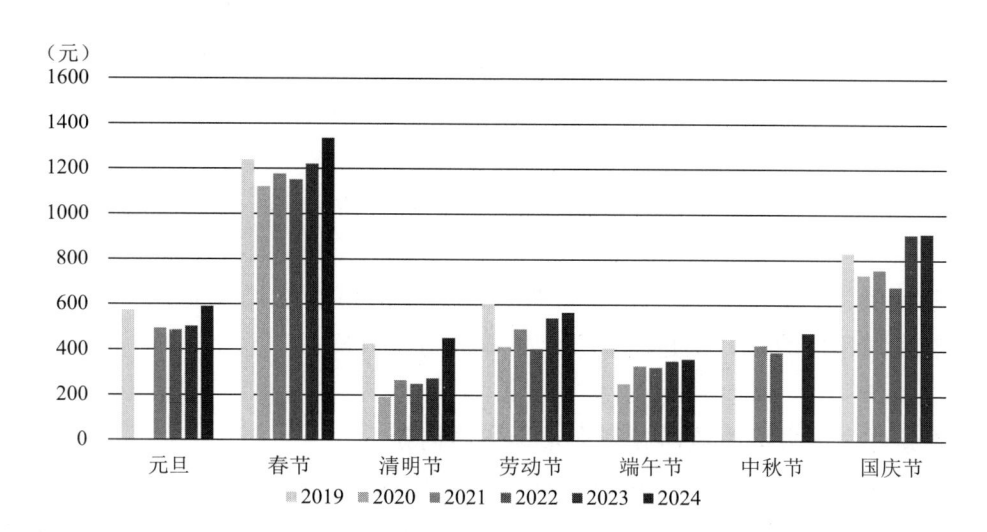

图 1-3　2019~2024 年节假日单日人均消费（元）

注：2021 年以前为接待口径，2021 年起调整为出游口径。2020 元旦放假一天未统计。中秋国庆如重叠，合并至国庆节统计。

2. 签证、消费和支付便利化推动入出境旅游市场超预期增长

过去一年，文化和旅游部牵头的专项机制协调推动 17 个部委，针对外籍人员来华旅游出台了一系列便利措施，持续优化外籍人员来华的各类渠道。随着外交、移民、公安、口岸、金融等部门政策红利的不断释放，文化和旅游系统在全球范围内大力推广"你好！中国"，入境游客数量实现了超预期增长。目前，中国已与 25 个国家签订了普通护照持有者的全面互免签证协议，对 38 个国家实行单方面免签入境，对 54 个国家实行过境免签。自 2024 年 12 月 17 日起，国家移民管理局全面放宽并优化过境免签政策，过境免签停留时间延长到 240 小时，从原来的 39 个对外开放口岸增加至 60 个，政策适用省份由原来的 19 个增加至 24 个，免签入境游客可在允许停留活动区域内跨省域旅行。金融部门实施的"大额刷卡、小额扫码、现金兜底"支付便利化措施，极大地提升了外国入境旅游者的消费体验感。港澳居民基础市场更加稳固，外国人市场实现了超预期增长，入境旅游稳步进入了快速复苏新阶段。受签证便利化、消费友好度和治理现代化等因素影响，海外主流媒体节假日涉旅舆情正面报道占比创下历史新高。

根据国家移民管理局数据显示，2024 年 1 月至 11 月，全国各口岸入境外国人2921.8万人次，同比增长86.2%；其中通过免签入境1744.6万人次，同比增长123.3%。适用过境免签政策来华外国人数量同比增长132.9%。2024年各季度的数据均高于2023年的各季度，且2024年第三季度已超过2019年同期水平。

2024年前三季度，全国出境旅游人数超过9200万人次，同比增长近50%。2024年国庆节七天假期，出境旅游人数达到267.7万人次。香港和澳门地区保持基础市场地位，东南亚、东亚近程出游为主的市场格局没有改变，"一带一路"沿线国家目的地特别是西亚、北非地区明显增长。

3. 新质生产力助力旅游投资和市场主体创新

改革开放以来，旅游业市场化程度持续加深，专业化水平不断提高，已经形成了中旅、华侨城、首旅、锦江、岭南、浙旅投、山东文旅、陕旅、川旅、携程、开元、春秋、祥源、融创、复星等旅游集团20强为代表的骨干企业，引领重大项目投资和目的地接待体系提质增效。2024年，旅游集团20强营业收入合计5731亿元，同比增长4.3%；平均营业收入286.55亿元，同比增长3.9%。在过去一年里，一批以科技和创新为驱动，具备引领性、成长性和价值感的先锋企业迅速崛起。如景德镇陶文旅的世界手艺、阿那亚控股的文艺生活、成都文旅的生活美学、亚朵酒店的传统待客之道、深圳奥雅设计的儿童友好、马迭尔文旅的冰雪旅游、杭州象外文旅的村落美学、合肥滨湖投控的城市更新、云南康藤的生态旅游等。这些市属、区属国企或者创新型民营企业，抓住旅游经济从快速复苏走向繁荣发展的时代机遇，导入文化、艺术、科技等新质生产力，激活社会存量资源，培育了众多小而精、小而美、小而暖的文化新空间和旅游新场景。

研学旅游的快速发展促进了非假日出游的时空均衡，以学校为采购主体的研学项目招标金额已超2023年。旺盛的市场需要不仅催生出一批小而精的专项旅行服务商，也广泛吸引了青岛啤酒、科大讯飞、蔚来汽车、汤臣倍健等大型工业及科技企业的关注，为旅游业的跨界融合打开更大的想象空间。过去一年里，有45.5%的游客重视旅行中的美食体验，59.2%的游客愿意在旅行中更加深入了解目的地美食文化。夜间旅游培育了一批有影响力的市场主体，产生了明显的需求外溢和投资拉动效应。2024年，5A级旅游景区的夜间开放率增加到63%（2020年为23%），近四成国家级旅游度假区推出夜间节事演出、室内休闲和户外娱乐，超过三分之一的国家一级博物馆暑期开展了夜游活动。上海文广演艺集团、华人文化、UCCA、IDG、北境文化等来自戏剧、影视、音乐、艺术、投资领域的专业选手，开始规模化进入旅游节事领域，上海夜生活节和国际光影节、深圳光影艺术季、苏州EDC雏菊电音节等活动引起旅游市场广泛关注。

4. 稳步提升的游客满意度承载了人民群众的旅游获得感

2024年全国游客满意度指数为80.91，同比增长1.1%，处于"满意水平"。居民出游需求增长和理性消费理念推动了供给侧产品研发、场景创新及业态升级，旅游目的地文化休闲和旅游场景上新频率加快，推动游客满意度稳步回归上升周期。旅游领域治理体系和治理能力的现代化水平持续提升，推动投诉质监维度的游客满意度同比增长8.3%，达到78.05分的历史新高（图1-4）。

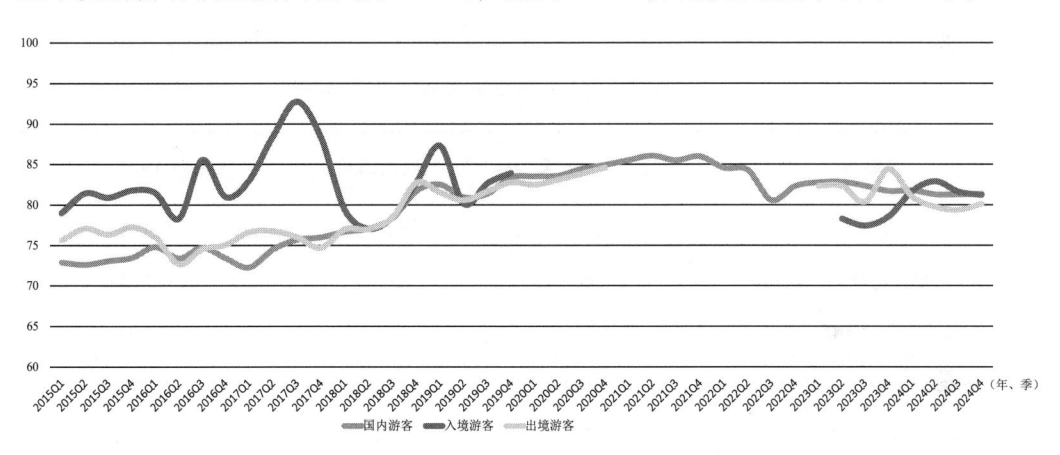

图1-4 2015~2024年三大旅游市场游客满意度（季度）

2024年入境旅游市场游客满意度为81.85，同比增长4.8%。其中，港澳台入境游客满意度为80.36，外国入境游客满意度为82.06，外国游客入境旅游体验提升显著，同比增长8.1%。

2024年出境旅游市场游客满意度80.06，同比下降2.8%。主要原因包括出境旅游市场保持快速扩容趋势，国内居民对品质、体验、性价比等需求标准不断提高，需求升级与境外目的地资源供给适配情况出现偏差，住宿、交通等价格过高等。

二、2025年旅游经济将有更为乐观的预期与更高质量的增长

2025年是"十四五"收官之年,"十五五"谋划之年,也是宏观利好政策密集出台、巩固旅游经济步入繁荣发展新周期的关键一年。综合城乡居民出游意愿、旅游供应链恢复程度、旅游投资创新、游客预订和旅行商采购指数等先行指标,以及旅游市场、宏观经济和社会发展政策等趋势性指标,经课题组综合研判,我们对2025年旅游经济保持更加乐观的预期,预计国内出游人数、旅游总花费、节假日出游距离、目的地停留时间、新增就业人员、新增固定资产投资、旅游景区、度假区、旅行社、星级酒店、等级民宿等旅游市场经营主体数量,以及入出境旅游人数、旅游外汇收入等主要指标有望全面创下历史新高(表1-2)。

表1-2 2025年全年旅游市场主要指标预测

指标项	2025年预测	同比增长	对比2019年恢复率
国内旅游人数（亿人次）	62.8	11.0%	104.6%
国内旅游总花费（万亿元）	6.5	11.5%	113.2%
入境旅游人数（亿人次）	1.49	17.0%	102.8%
国际旅游收入（亿美元）	1299.4	17.5%	99.0%
出境旅游人数（亿人次）	1.43	18.5%	92.5%

一是宏观经济、社会发展和政策体系将构成更加有利的发展环境。中央经济工作会议指出,我国经济基础稳、优势多、韧性强、潜能大,长期向好的支撑条件和基本趋势没有变。2025年将首次实施"更加积极的财政政策",并将连续实施了14年的"稳健的货币政策"改为"适度宽松的货币政策",要大力提振消费、提高投资效益,全方位扩大国内需求。旅游业是提振内需的重要领域,宏观经济政策将对旅游消费、投资、就业和入出境旅游产生正向而积极的传导效应。在新的一年中,中央层面将迅速出台促进旅游业高质量发展、今冬明春促进文化和旅游消费的政策文件,加上各地加快旅游目的地及其配套的政府投资、"双招双引"、市场推广等活动,将形成存量政策加快落地、增量政策密集出台、储备政策加快研究的有利环境。

二是关联产业运营和投资利好不断向旅游领域传导，输入性景气获得持续性支撑。交通客运是旅游经济运行的典型先行关联产业，客运指标改善支撑客运计划和相关投资稳中有进。全国冬季客运航班每周计划9.4万班，比2019/2020年冬春航季增长33.2%。2024年前11个月，航空运输业投资增长18.2%，铁路运输业投资增长15.0%，铁路、船舶、航空航天和其他运输设备制造业投资增长30.6%。得益于以旧换新政策拉动，2024年11月，中国汽车产销分别达到343.7万辆和331.6万辆，同比增速均超过11%。预计2024年全国汽车总销量有望创历史新高，达到3100万辆，自驾游潜在市场扩容可期。

三是城市旅游热点更热、温点升温的趋势预计更加明显。2024年，北京、上海、成都、广州、重庆、武汉、西安、长沙、杭州、深圳、天津、南京等城市旅游热度保持高位（图1-5）。受季节和突发旅游热点影响，个别月份哈尔滨、昆明、济南、沈阳等地旅游热度跻身全国前列，但持续性不强。张家口、赤峰、赣州、齐齐哈尔、桂林、鄂尔多斯、遵义、曲靖、大理、哈尔滨、喀什等小机场城市热度均有明显增长（图1-6）。2025年，预计一、二线城市热度将在全年和主要节假日继续保持高位，随着亲子游、研学游、红色游、冰雪游、避暑游、"上山下海进草原"等专题旅游需求的不断释放，"胡焕庸线"以西、云贵川区域城市热度将有望加速增长，低线城市和县域中心城镇将迎来旅游市场扩容和产业发展的新机遇。

四是随着地缘政治和局部战争对国际旅游的负面影响减弱，入出境旅游市场将迎来加速复苏新阶段。东北亚地区旅游交流将回升，区域内文化和经济互动将更为频繁。东盟国家和港澳地区作为中国游客的重要出境目的地，其丰富的旅游资源和便利的交通条件让其基础市场更加稳固。"港车北上""澳门北上""一签多行""一程多站"等便利化措施，将有效带动港澳与内地的旅游交流规模。西亚、北非、中亚和中东欧等"一带一路"沿线国家将成为旅游市场的亮点，上海合作组织、金砖国家机制、亚太经合组织、中非合作论坛等多边机制框架下的旅游合作深化将吸引更多中外游客往来。相互免签、单方面免签、过境免签、邮轮口岸免签、消费支付和住宿登记便利化政策将进一步释放入出境旅游需求。跨境旅游合作区和边境旅游试验区也将进入实质运作阶段，中越德天瀑布跨境旅游合作区已推出中越双方联合旅游项目，满洲里、防城港边境旅游试验区也在蓄势发力。中老铁路的开通，将为推动两国沿线地区旅游资源互联互通、实现跨境旅游与贸易合作带来新的机遇。

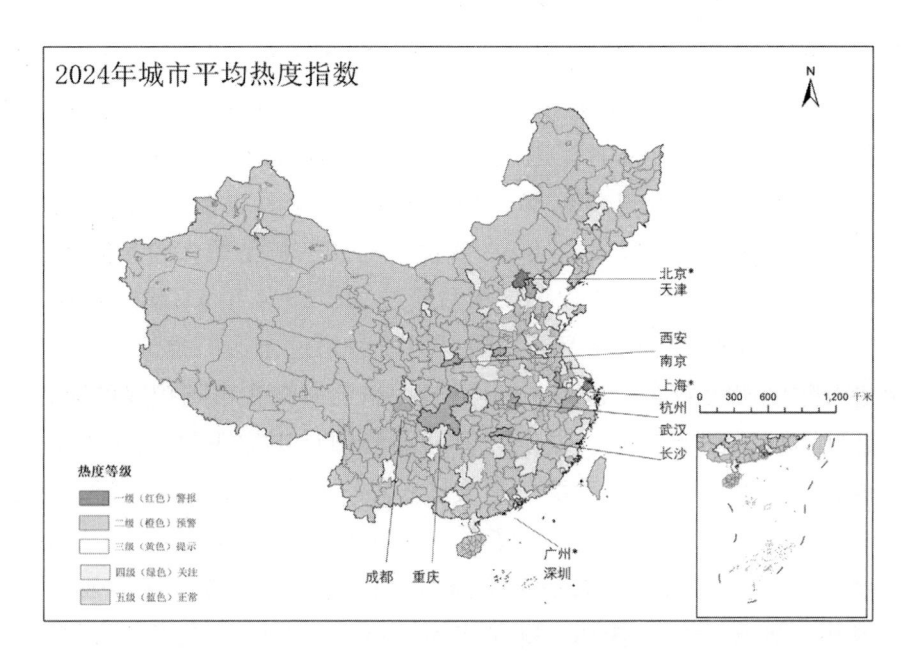

图 1-5　全国城市旅游热度情况

审图号：GS（2022）1873 自然资源部监制

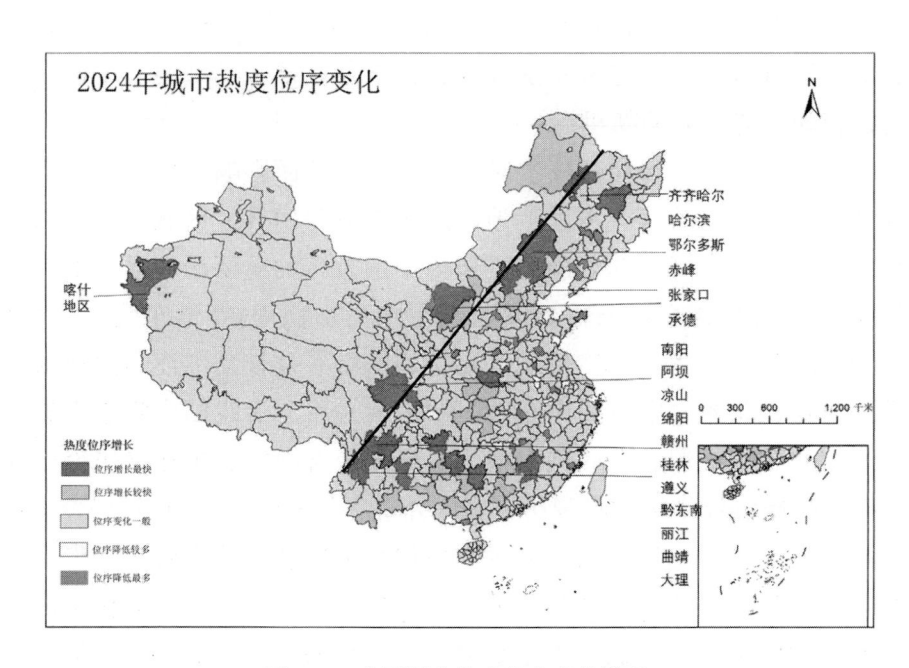

图 1-6　全国城市热度位序变化情况

审图号：GS（2022）1873 自然资源部监制

基于全球经济、签证和支付便利化政策、国家旅游形象建设与市场推广等先行指标，我们对2025年和今后一个时期的入出境旅游市场保持乐观预期。

三、创新政策供给，推进文旅融合高质量发展

一是统筹安排2025年假日旅游优质供给，特别是今冬明春的冰雪旅游、春节旅游，夯实旅游经济"高开高走"的市场基础。2025年春节假期增加1天，通过调休形成8天长假，加上春节列入联合国教科文组织人类非物质文化遗产代表作名录，以及冰雪旅游市场的持续升温，国内旅游出游人数、旅游总花费、入境旅游人数、外汇收入、出境旅游人次将再创历史新高。要加大冰雪旅游、春节旅游的宣传推广和市场促销力度，指导各地加强滑雪旅游、冰雪休闲、民俗旅游、特色民宿、自驾车房车营地等项目建设，有条件的地区可以开展无人机+烟花秀、非遗市集、跨年演唱会等节事活动。推动公共文化、旅游产品、宣传营销、消费促进等政策进一步向"两季七节"，特别是向春节、劳动节、国庆节三个长假和暑期、冰雪季倾斜。

二是推进普惠旅游，发展品质旅游，多措并举保障城乡居民的旅游权益。面向县域中心城镇和农村居民下沉市场，加快实施普惠旅游，着力完善旅游公共服务体系，让更多中心城镇和农村居民走进景区、体验文化，满足其最基本的观光旅游需求。完善城乡公共交通体系，加快形成"城里人下乡度假，农村人进城休闲"的城乡居民双向旅游新格局。针对冰雪、避暑、研学、康养、旅居、美食、自驾、购物、休闲度假等多元化的需求，推进旅游与文化、艺术、体育、科技、教育、农业、工业、商贸物流业更加广泛地融合。推进文化引领、科技赋能，培育旅游发展新动能，创造旅游消费新场景，发展旅游新业态。

三是完善旅游强国的目的地城市与乡村、旅游项目投资与服务品牌支撑体系。尽快发布世界级旅游景区和度假区培育名单及其政策清单，公布新一轮文化特色鲜明的国家级旅游城市和街区名单，发布世界级和国家级旅游线路培育方案和实施细则。文化和旅游部与国资委、工信部、交通运输部、证监会、人民银行和工商联联合发布世界一流旅游企业培育文件，做大做强头部企业，做优做精中小微型企业。促进旅游创业创新。出台切实有效的措施，将社会资本和市场经营主体

纳入政府投资的旅游基础设施和公共服务建设体系，允许民营企业参与国家公园、国家文化公园、国家级旅游城市和街区的建设项目。推动社会资本进入旅游领域，参与项目建设，持续增加旅游专列、旅居社区、低空飞行等优质旅游产品供给。

四是进一步扩大对外对内开放，提升入境旅游和消费便利化水平。通过中央旅游工作协调机制，协同外交、移民、公安、金融等部门，扩大相互免签、单方面免签、邮轮口岸免签、240小时过境免签的国家范围。建设更加友好的住宿、餐饮、购物和文化娱乐环境，推动银联卡与国际信用卡互认互联互通，推进入境旅游首站城市和国际目的地采用多语种标识解说系统。增加包括政府机构在内的社会访问点，培育更多近悦远来、主客共享的美好生活新空间。培育一批省、市、县级文化和旅游深度融合示范区，形成一批可复制可推广的旅游业高质量发展案例。

五是完善旅游法规体系，提升旅游领域治理体系和治理能力的现代化水平。加快《旅游法》《旅行社管理条例》《导游人员管理条例》等法律法规的修订，推动《旅游景区度假区管理条例》《旅游演艺管理条例》等行政立法，完善《研学旅游管理办法》等部门规章，形成以国家法律、行政法规、部门规章为重点的旅游法律法规体系。在刚性约束的法律法规基础上，依法兴旅，依法治旅，逐步形成旅游行政部门"法无授权不可为"，旅游市场经营主体"法无禁止则可行"的旅游工作新格局。

第二章

旅游消费变迁与国内市场演化

2024年城乡居民出游意愿高涨，消费更加活跃，热点更热、温点升温，旅游市场主要指标实现了预期增长，旅游经济进入了繁荣发展新阶段。广大人民群众通过不同的时间、空间、消费场景、出行方式等维度创造更多出游空间，以周末游、周边游、都市游、乡村游和自驾游为代表的专项旅游市场的蓬勃发展，充分反映了人民群众对出游需求的渴望和不断追求。

一、全年旅游市场从快速复苏走向繁荣发展

1. 旅游市场实现超预期增长，国内旅游市场恢复接近疫情前水平

受旅游市场下沉和需求升级、文化融合和科技创新、中央高位推进和政策效应释放等多重利好影响，2024年旅游经济加速复苏，稳步进入繁荣发展新周期，旅游消费拉动经济增长的作用更加突出。基于居民出游意愿、游客预订指数、企业家信心等先行指标，综合游客满意度调查和市场主体访谈，加之第四季度国庆节假期、冰雪季的翘尾因素和政策效应释放，预测2024年国内旅游总人数56.59亿人次，同比增长15.7%，恢复至2019年的94.2%。国内旅游总花费5.81万亿元，同比增长18.4%，恢复至2019年的101.5%。全国人均每次旅游消费1026.68元，同比增长2.3%，恢复至2019年的107.7%（图2-1，图2-2）。2024年各季度市场旅游花费恢复情况高于国内出游人数，第二季度开始，旅游花费已经超过2019年水平（图2-3）。

第二章　旅游消费变迁与国内市场演化
Chapter 2　Tourism consumption change and domestic market evolution

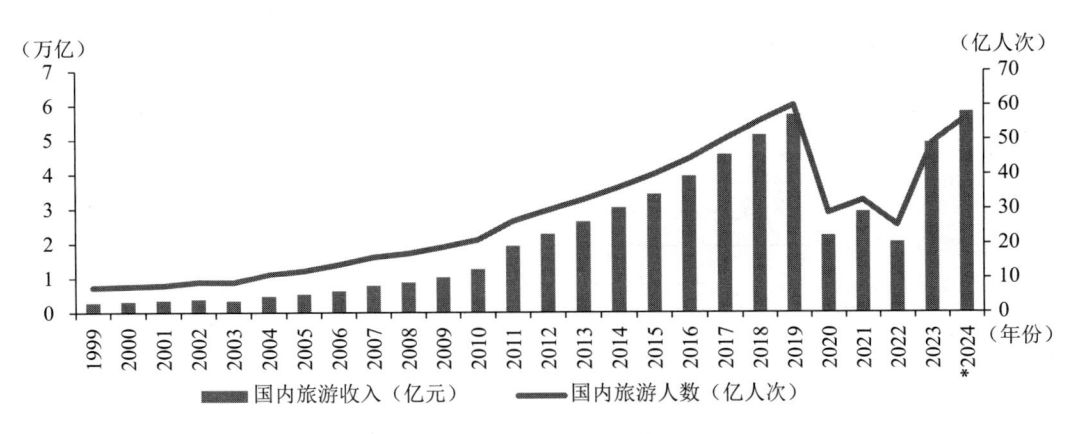

图 2-1　1999~2024 年国内旅游接待量和收入规模

数据来源：历年《中国旅游统计年鉴》，2024 年为预测数据

图 2-2　2020~2024 年前三季度国内旅游市场恢复率

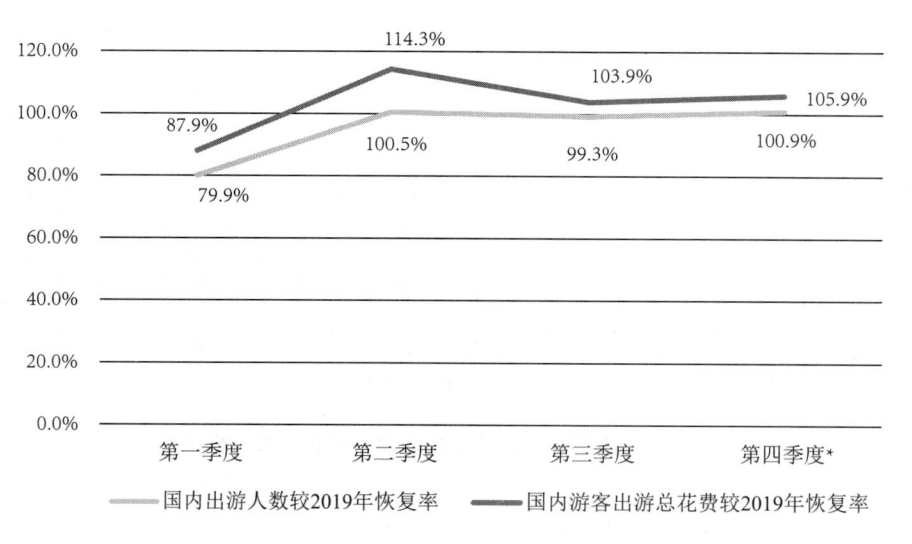

图 2-3　2024 年各季度国内旅游市场恢复率

注：2024 年第四季度为预测数据

2. 城乡居民共享旅游生活，农村居民旅游消费快速增长

城乡居民旅游需求得到充分释放，低线旅游目的地迸发新活力。2024 年自驾游、周边游、乡村游、周末游、夜间、冰雪、研学、康养等细分旅游市场为居民出游提供了更多选择，旅游正在加速进入城乡居民的日常生活，越来越多的中小城市、县域城镇和农村居民的旅游意愿得到释放，为进一步拓展旅游内生增长空间奠定了基础。2024 年，前三季度，城镇居民国内旅游人数 32.70 亿人次，同比增长 14.9%；农村居民国内旅游人数 9.67 亿人次，同比增长 16.8%。城镇居民出游花费 3.71 万亿元，同比增长 17.1%；农村居民出游花费 0.64 万亿元，同比增长 22.5%（图 2-4）。2024 年上半年，受疫情期间出游基数影响，农村居民出游人数和游客花费增幅高于城镇居民，第三季度，城镇居民出游和花费增速出现反超，如图 2-5、图 2-6 所示。前三季度全国农村居民出游人数占国内游客出游人数的 22.8%（图 2-7），其国内出游人数增速、出游花费增速分别比城镇居民高 1.9 个百分点和 5.4 个百分点，农村居民对全国出游人次增长贡献率达到 24.7%。低线城市、县域中心城市和发达地区农村居民的需求升级推动了旅游市场的下沉增量，进一步夯实了旅游业高质量发展的市场基础。

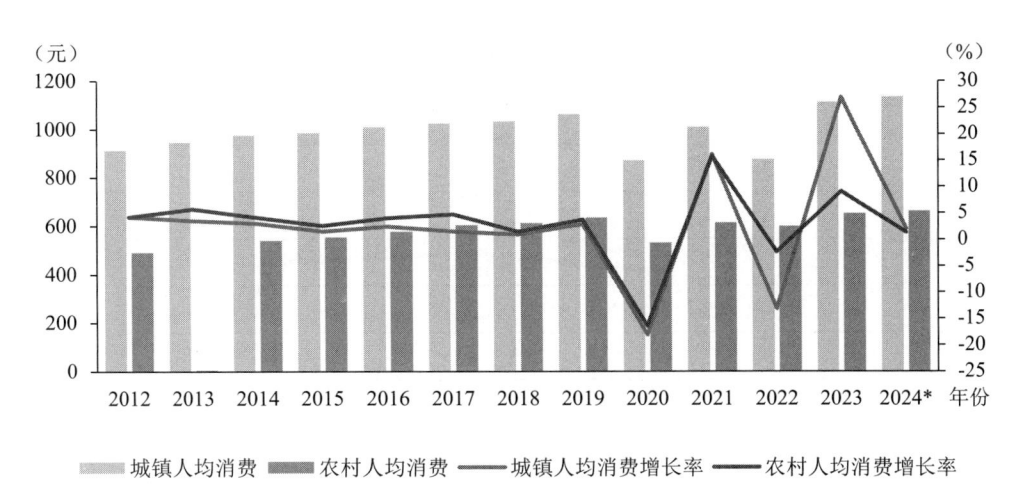

图 2-4　2012—2023 年城镇和农村居民国内旅游人均消费情况

注：2024 年为前三季度数据

数据来源：历年《中国旅游统计年鉴》，2024 年为预测数据

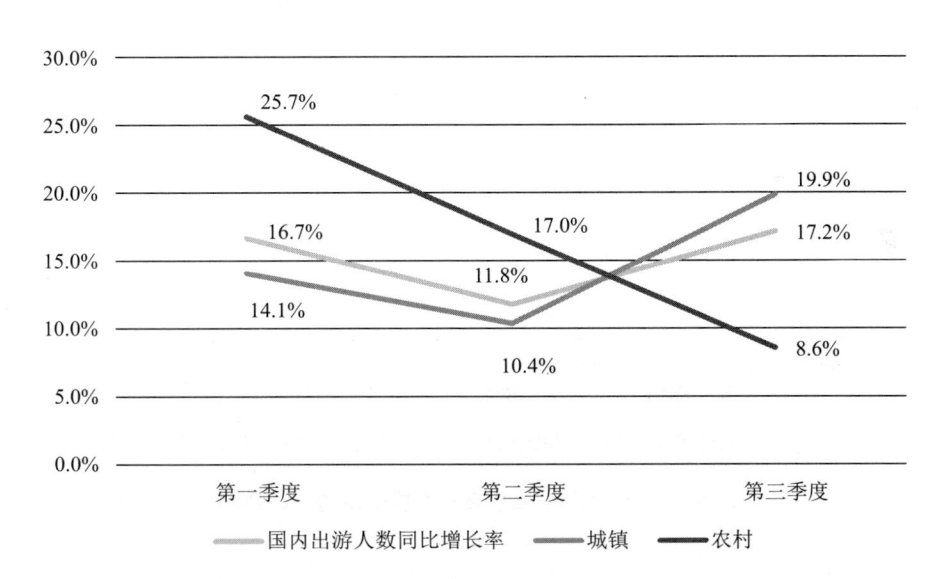

图 2-5　2024 年前三季度城乡旅游总人数增长率

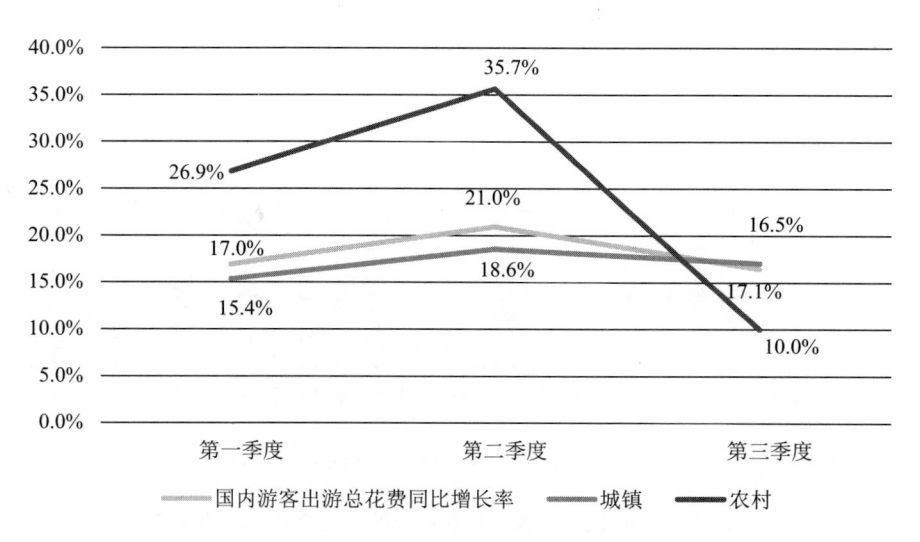

图 2-6　2024 年前三季度城乡旅游总消费增长率

图 2-7　2024 年前三季度国内旅游出游人数结构

3. 节假日成为稳定旅游市场的重要窗口期，暑期旅游创历史新高

2024 年元旦、春节、清明节、劳动节、端午节、中秋节、国庆节假日城乡居民出游意愿高涨，假日旅游持续保持高位运行，七个节假日旅游市场均实现了预期增长。每个节假日的国内旅游出游人数、旅游花费、人均出游半径、目的地游憩距离等主要指标均创下历史新高。假日城乡居民日均出游人数全面超过2019年，人均旅游花费整体接近、部分甚至超过2019年同期水平。2024年元旦、春节、清明、劳动、端午、中秋、国庆节假日国内旅游人数分别为1.35亿人次、4.74亿人次、1.19亿人次、2.95亿人次、1.12亿人次、1.07亿人次、7.65亿人次，实现国内旅游收入分别为797.3亿元、6326.87亿元、539.5亿元、1668.9亿元、403.49亿元、510.47亿元、7008.17亿元。春节、劳动节假日全国国内旅游出游人数按可比口径较2019年同期分别增长19.0%、28.2%，国内游客出游总花费按可比口径较2019年同期分别增长7.7%、13.5%（图2-8）。元旦、清明节、端午节、中秋节、国庆节假日旅游数据均实现了预期增长。作为旅游市场热度、接待能力、供给创新等形势研判的关键窗口期，假日旅游有效拉动了旅游经济，稳住了消费预期和企业家信心。2025年节假日安排提前出炉，积极回应群众期待，进一步优化完善调休原则，全年节假日增加2天，群众休息休闲需要将得到更好满足，利好旅游业发展（图2-9，图2-10）。

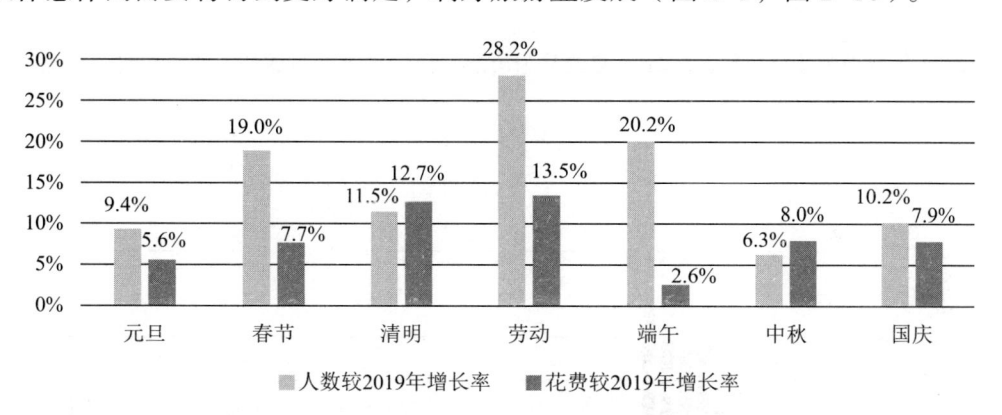

图2-8 2024年节假日旅游人数和收入增长情况

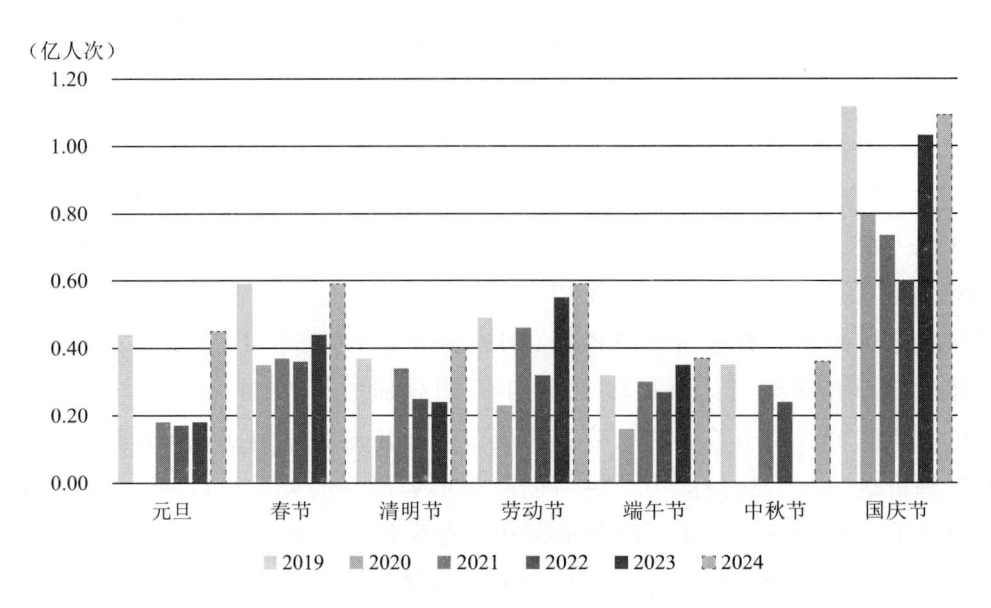

图 2-9　2019~2024 年节假日单日出游规模（亿人次）

注：2021 年以前为接待口径，2021 年起调整为出游口径。2020 元旦放假一天未统计。中秋国庆如重叠，合并至国庆节统计。

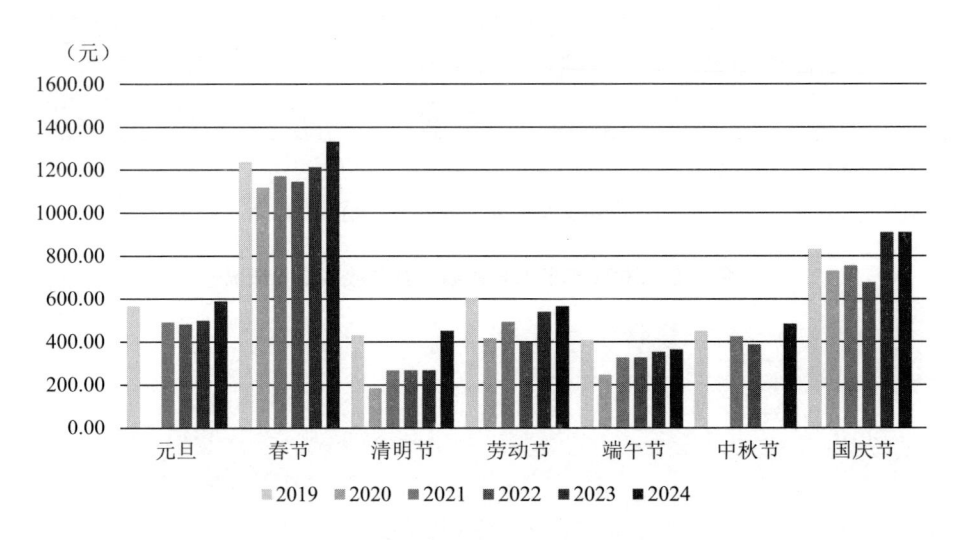

图 2-10　2019~2024 年节假日人均消费（元）

注：2021 年以前为接待口径，2021 年起调整为出游口径。2020 元旦放假一天未统计。中秋国庆如重叠，合并至国庆节统计。

暑期旅游市场达到有监测记录以来最高热度。经中国旅游研究院（文化和旅游部数据中心）综合测算，2024年暑期（6~8月）全国国内出游人数达19.49亿人次，同比增长6.0%；出游总花费达1.31万亿元，同比增长8.3%。其中，7~8月国内出游人数达14.03亿人次，同比增长5.4%；出游总花费9351.1亿元，同比增长8.7%。出游距离、游憩半径和游客满意度均达到历史最好水平，国内游客跨市平均出游距离为500.0公里，同比增长6.3%，自驾游比例上升，单次出游停留城市有所增长。避暑旅游、康养旅居、研学旅游、夜间旅游共同拉升了暑期旅游市场热度，参观博物馆成为暑期热门活动，34.0%的游客在旅途中逛过文博场馆，与景区和度假区的比例相当，进一步凸显了游客研学需求的增长。

4. 中远程出游距离进一步扩大，跨省市旅游市场热度走高

中远程旅游市场热度走高，跨省市旅游规模持续扩大，各主要城市旅游景气保持高位运行，中远程旅游市场升温明显。据大数据监测显示，2014年1~10月，全国跨省游客比去年同期增长15.05%，海南、贵州、广西、北京、甘肃、天津、江西、重庆、四川、山西等25个省区市跨省游客均高于2023年同期水平，西藏、吉林、海南、贵州、广西、陕西、江西、福建、四川等16个省区市跨省游客比重较去年均有提高。游客走得更远，出游距离进一步扩张。2024年1~10月，游客平均出游距离同比提高20.2%，海南、吉林、西藏、贵州、陕西、宁夏、广东、黑龙江、广西等28个省区市游客出游距离超过2023年同期水平（图2-11）。其中，外地游客平均出游距离同比提高17.71%，海南、吉林、西藏、贵州、宁夏、广东、云南等29个省区市的外地游客出游距离均高于2023年。从区域格局上看，京津冀、长三角、大湾区、长江中游、成渝、中原等城市群仍然是主要客源地和目的地，客流以城市群内部流动为主。暑期市场客流由主要客源城市向众多远程目的地扩散，东北地区、西南地区、华北地区，以及西藏、内蒙古和新疆等主要城市的客流增长较高。

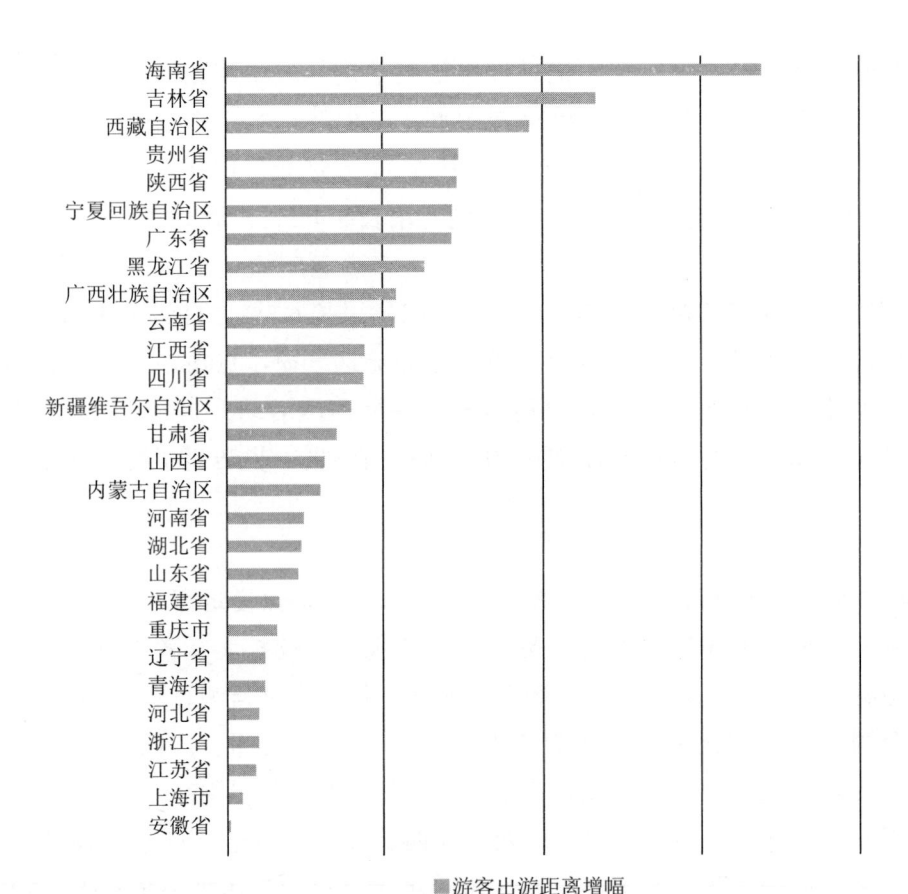

图 2-11 2024 年 1~10 月各省（区、市）居民出游距离增幅

二、专项市场旅游消费稳步繁荣

1. 周末游拓宽了游客消费时空

周末游顾名思义是从时间维度划分旅游市场，即为游客在周六或周日出游，充裕的周末时间为游客提供了更多的消费空间。1995 年，我国正式实行双休制，全年 52 周共休 104 天，这让人们更加充分地享受到了休息的权利，周末旅游活动能够帮助人们缓解工作压力、高频度地体验美好生活，也保证着旅游需求在时间和空间上相对均衡释放，已深入民众日常生活，成为周末旅游发展的基础。

一直以来，节假日是旅游市场消费需求集中释放的重要窗口，以2024年前三季度为例，元旦、春节、清明节、劳动节、端午节、中秋节共25天节假日出游人数为12.4亿人次，占前三季度273天（周末70余天）出游总人数的29.3%，即9.2%的天数出游人数达到了29.3%。中国旅游研究院周末游专项数据显示，2023年我国国内周末出游人数是工作日出游人数的1.52倍，尽管周末时间只占全年时间不到28.6%，但周末客流却占全年客流的41.1%以上。显示出周末游客消费潜力仍有巨大空间。

周末游聚焦都市、周边、乡村等目的地，差异化的文化背景和生活场景是周末游客的追求。专项数据监测显示，周末游在各省市旅游市场的份额较重，基本在40%上下浮动。截至2024年10月，广东省、山东省、四川省、江苏省、河南省、河北省、湖北省、湖南省和安徽省为全国周末游市场最为活跃的TOP10省份。城市方面，北京市、上海市、重庆市、成都市、广州市、天津市、武汉市、深圳市、西安市、杭州市为全国周末游最为活跃的TOP10城市。各地周末游发展水平各具特色，广东省兴起周末乡村游"粤式新潮流"，欣赏盆景花卉、体验草坪露营、品尝乡村美食和入住精品民宿等业态有效丰富了游客体验；成都围绕古蜀文明、熊猫、休闲、美食、绿道等IP，推出十二大类别不同场景的周末精品旅游目的地、消费新生态、文博旅游线路。这些均获得了广大游客的满意与好评，也展现广泛的社会宽容和文化包容。专项数据监测显示，64.9%的周末游游客选择离开城市或区县核心区前往周边目的地出游，55.5%的游客则选择在城市或区县的核心区都市圈游玩，乡村游目的地也是周末游客重要消费目的地之一（图2-12）。在城市周末游中，本地游客平均占比为43.4%，与日常生活差异化的文化背景和生活场景的周边异地周末游客体验美好生活的消费新空间。

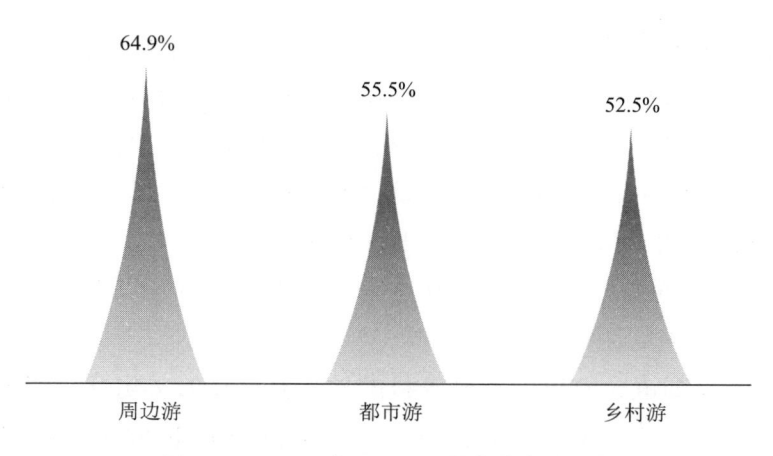

图 2-12 2024 年 1~10 月周末游类型分布

2. 周边游激发近程旅游市场消费潜力和消费频次

受空闲时间、出游距离等约束，周边游成为众多游客元旦、清明节等小长假和周末近程游热门选择，满足游客临时、短时旅游需求，有效地增加旅游频次。专项调查数据显示，2024 年清明节、劳动节和端午节小长假期间，平均 80.1% 的游客有过 2 次以上出游体验，53.5% 的游客选择城市郊区、市内出游，64.7% 的游客累计出游时长为 2 天以内，小长假周边近程游需求显著。周末时间较小长假时间更短，游客近程旅游需求更加明显，更加适合进行临时性说走就走的旅行，旅途中不仅拓宽了人们的社交视野，让志同道合的旅伴在闲暇中相聚，探索共同热爱的风景与文化，成为近程旅行者的核心向往与追求。同时，它也是缓解学习与工作压力的良方，更是家庭情感加深的催化剂，为亲子间创造了珍贵而难忘的共处时光（图 2-13）。

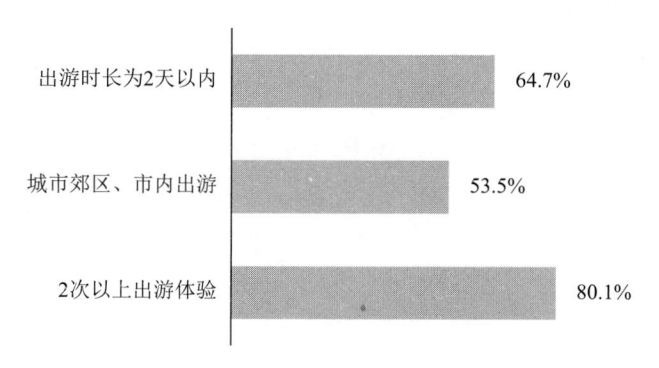

图 2-13 2024 年清明节、劳动节和端午节平均出游情况

周边游聚焦本地旅游市场，一线、省会城市周边游热度更高。周边游大数据监测显示，游客平均出游距离为58.5公里，其中［10-50）公里游客占比为55.0%，其次是［50-80）公里占比为20%，选择城市周边游览需求更加明显（图2-14）。其中，辽宁、山西、上海等游客的出游距离更近（图2-15）。此外，城市游客平均本地出游占比为74.7%，进一步表明周边游本地化趋势显著。在城市周边游热度方面，重庆市、上海市、北京市、成都市、广州市、武汉市、天津市、西安市、深圳市和长沙市的周边游专项市场热度最高TOP10城市，其中重庆市周边游本地化趋势最为显著，游客本地出游占比超过九成。

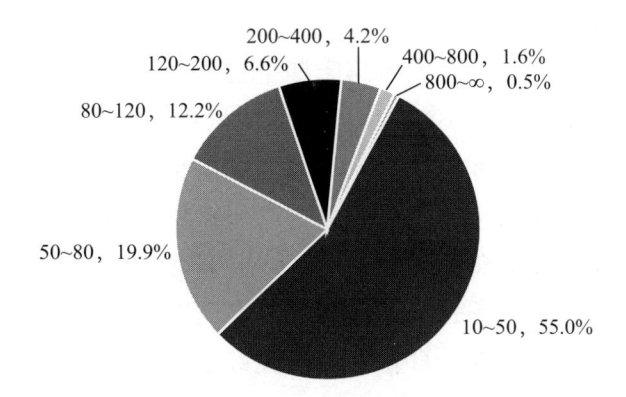

图2-14　2024年周边游出游距离分布

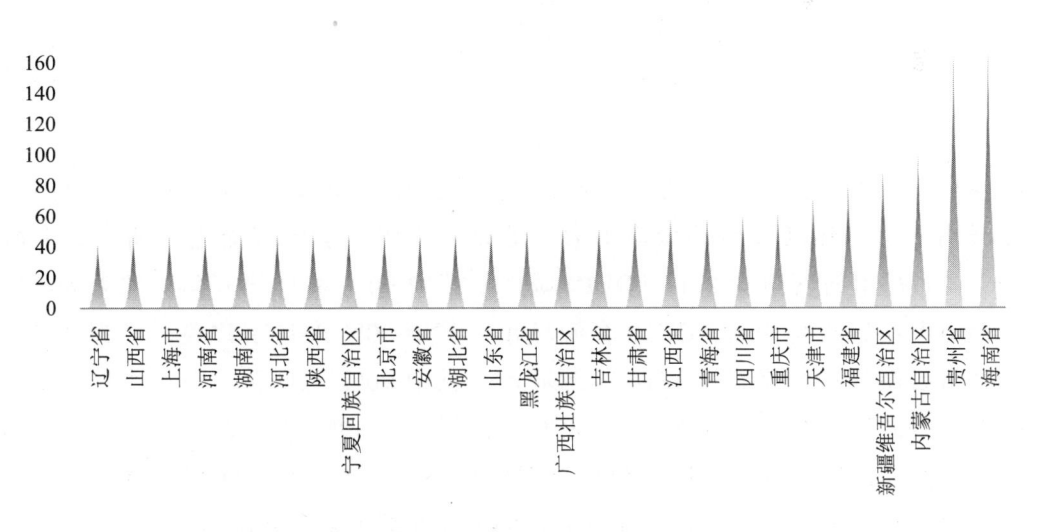

图2-15　2024年周边游各省（区、市）出游距离分布

3. 都市游是促进旅游消费潜力释放的重要力量

城市是经济发展的核心，是产业供给主要的输出地，是人才、创意、资本、管理等生产要素的主要溢出地，也是旅游市场的主要客源地。2024年前三季度，全国超七成的客源和超八成的花费均产出于城市，城市完善的基础设施、高质量的公共服务、现代化的休闲空间、便利的物流、随处可达的餐饮外卖服务、互联互通的互联网、发达的交通网络等，为游客提供了更加高品质的"吃住行游购娱"体验，城市旅游市场消费潜力巨大。为深入贯彻党的二十大精神，贯彻落实党中央、国务院关于把恢复和扩大消费摆在优先位置、推动文化和旅游等服务消费的决策部署，促进夜间文化和旅游经济健康发展；贯彻落实《中华人民共和国国民经济和社会发展第十四个五年规划和2035年远景目标纲要》《"十四五"旅游业发展规划》《国民旅游休闲发展纲要（2022~2030年）》任务要求，打造一批文化特色鲜明的国家级旅游休闲街区；文化和旅游部先后开展评定了三批共计164家文化特色鲜明的国家级旅游休闲街区、建设了三批共计345家国家级夜间文化和旅游消费集聚区，在丰富文化和旅游业态、优化产品和服务供给、完善公共服务、加强品牌建设、营造良好消费氛围等方面都发挥了积极作用，为更好满足人民日益增长的美好生活需要和促进旅游消费潜力贡献了重要力量。

长三角经济圈都市游表现最为活跃，圈内客流自循环优势显著；贴近日常生活的都市生活圈是都市游游客的主要目的地，出游时长多以短时为主。课题组以长三角经济圈、成渝经济圈、珠三角经济圈、京津冀经济圈4个经济圈为都市游客流流量与流向的研究对象。研究表明都市游热度比较中，长三角经济圈＞京津冀经济圈＞珠三角经济圈＞成渝经济圈（图2-16）。进一步对四个经济圈都市游热度最高的城市上海、北京、广州、重庆客流进行研究，上海83.5%的都市游客接待来自TOP10城市，其中90%来自长三角；北京80.0%的都市游游客接待来自TOP10客源城市，其中60%来自京津冀；广州85.7%的都市游游客接待来自TOP10客源城市，其中90%来自珠三角；重庆92.2%的都市游游客接待来自TOP10客源城市，其中仅30%来自成渝经济圈。很明显，客流自循环效应中，珠三角经济圈＞长三角经济圈＞京津冀经济圈＞成渝经济圈（图2-17）。都市游特征方面，54.6%的都市游游客出游时长在［0-12）小时区间内，44.4%的游客出游距离在［10-50）公里区间范围内，都市游短时、就近出游特征显著。

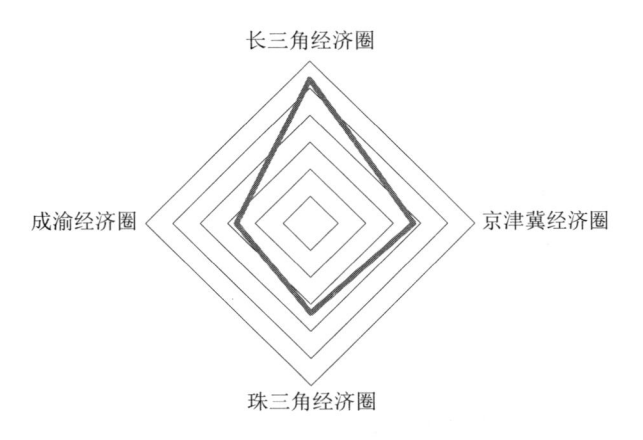

图 2-16　四大经济圈都市游热度对比

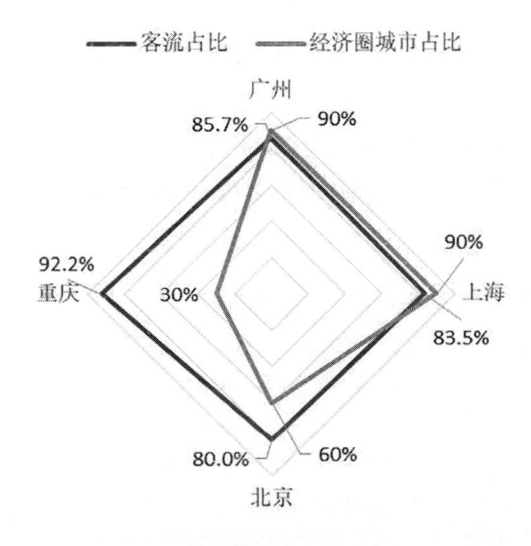

图 2-17　四个典型城市都市游 TOP10 客流分布

4. 乡村游是游客体验美好生活的消费新空间

乡村旅游是旅游业的重要组成部分，是实施乡村振兴战略的重要力量。2024 年，中央一号文件以推进乡村全面振兴为主题，以学习运用"千万工程"经验为主线，对乡村旅游发展作出了具体部署。国家发展改革委、文化和旅游部等实施《打造消费新场景培育消费新增长点的措施》《2024 年乡村旅游数字提升行动》等政策，通过产业创新、科技加持加速乡村旅游高质量发展进程。

专项大数据监测显示，按照可比口径，2023年乡村旅游市场渗透率为34.54%，2024年1-9月为35.88%，旅游市场持续向好的基础上，乡村旅游市场渗透率有所回升。

乡村游市场呈现流量集中、客源辐射近程性突出、节假日为游客集中释放窗口等特征。研究表明，在不考虑人口聚集因素的前提下，乡村旅游的发达程度与所在地区的经济发展水平呈正相关，南方乡村旅游活跃度高于北方，并呈现均衡化发展趋势。从乡村游客流向来看，长三角和华中地区乡村游客溢出现象明显，北上广深乡村游客溢出最为显著。在城镇化的进程中，高品质生活的市民群体越大，旅游市场活跃度越高，乡村旅游客源也相应越多，从需求决定供给的角度来说，城市化和现代性不仅是乡村旅游发展的基础，也是前提。大数据监测显示，城市的城镇化程度与乡村游客渗透率存在一定的正相关性。对全国乡村监测点数据监测发现，乡村旅游客源聚集度远高于整个旅游市场客源聚集度，课题组通过前期研究发现，约八成的城市客流来自TOP50城市客源，以乡村旅游客流流动较大的北京、上海和重庆部分重点监测点为研究对象，研究发现，约七成的重点监测点客源来自TOP2客源城市，乡村旅游客源辐射范围显著集中。同时专项调查显示，43.6%的受访者在法定节假日体验乡村旅游，节假日是乡村游客需求集中释放的重要载体（图2-18）。

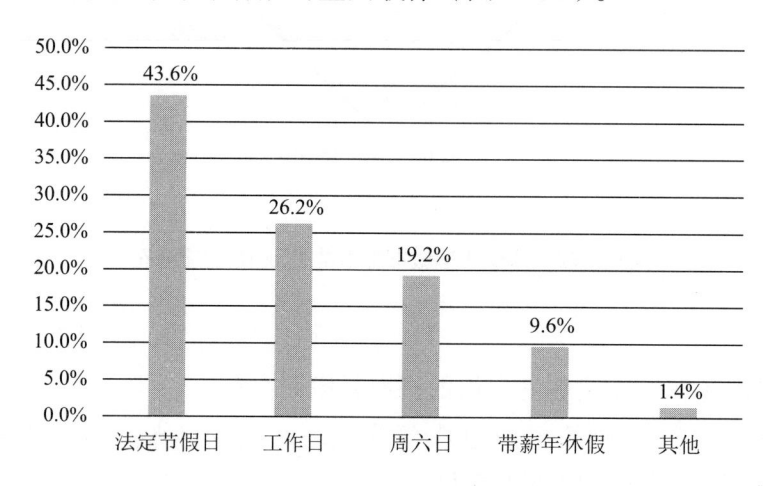

图2-18 2024年游客乡村旅游体验时间分布

产品种类多但消费热度集中、围绕乡村性的品质化和差异化的产品服务是乡村游产业特点和市场主要需求。全国乡村监测点数据显示，旅游产品围绕各村优势资源以及延伸产业链创新迭代，乡村旅游产品种类包括：乡村民宿、特色美食、旅游商品和文创产品、观光游览、休闲游憩、节庆活动、民俗文化、旅游研学、农事体验、康体保健等。尽管监测点产品类型丰富，但乡村民宿占比最高达到34.9%，产品相对集中，不同监测点产品类型占比相差不大。从监测点收入来看，餐饮收入占比最高，达到44.1%，乡村美食是乡村游客最热衷的产品；其次是住宿收入和商品销售收入，分别占比21.5%和15.6%。乡村旅游市场消费相对集中。随着全面建成小康社会，人们的物质生活得到极大满足，精神文化层面需求越来越突出，游客对乡村旅游目的地的选择有着更多要求，品质化、文化内涵、时间成本等都是乡村游客最为看重的。专项调查显示，游客对于乡村旅游目的地选择最重要的5个因素为：推荐度因素、文化因素、交通基础设施因素、社交因素和季节因素，分别占比19.9%、19.6%、13.6%、12.2%和11.0%（图2-19）。另外，自然风光、距离、景点、美食等也是乡村旅游目的地选择重要的因素。乡村旅游的乡村性仍然是乡村旅游的重要内涵，

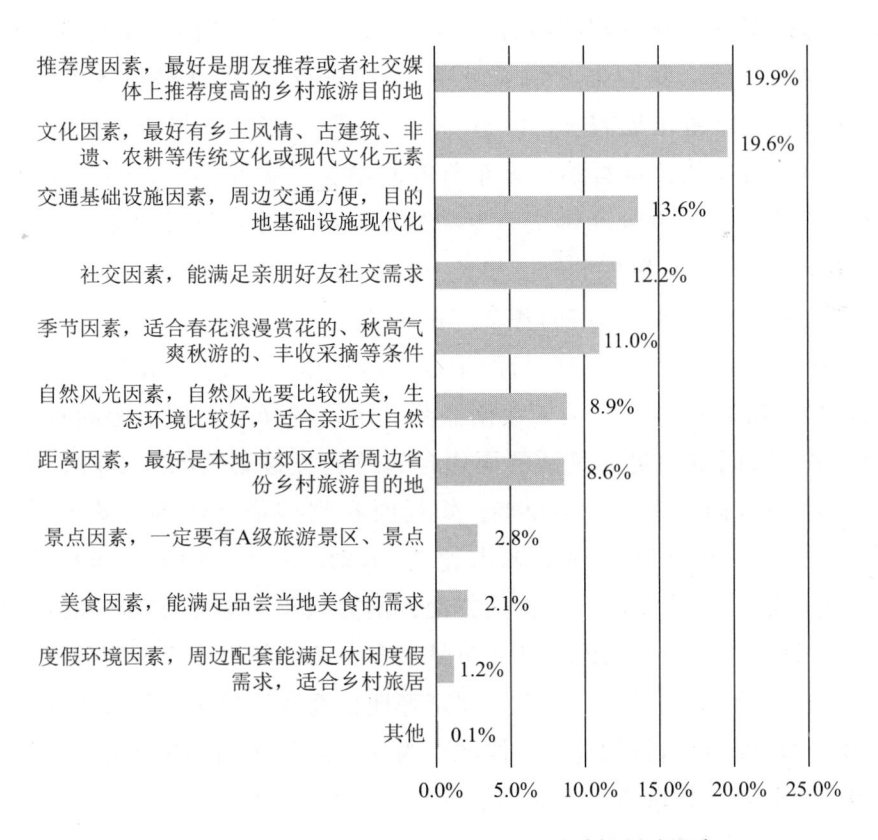

推荐度因素，最好是朋友推荐或者社交媒体上推荐度高的乡村旅游目的地	19.9%
文化因素，最好有乡土风情、古建筑、非遗、农耕等传统文化或现代文化元素	19.6%
交通基础设施因素，周边交通方便，目的地基础设施现代化	13.6%
社交因素，能满足亲朋好友社交需求	12.2%
季节因素，适合春花浪漫赏花的、秋高气爽秋游的、丰收采摘等条件	11.0%
自然风光因素，自然风光要比较优美，生态环境比较好，适合亲近大自然	8.9%
距离因素，最好是本地市郊区或者周边省份乡村旅游目的地	8.6%
景点因素，一定要有A级旅游景区、景点	2.8%
美食因素，能满足品尝当地美食的需求	2.1%
度假环境因素，周边配套能满足休闲度假需求，适合乡村旅居	1.2%
其他	0.1%

图2-19　2024年游客乡村旅游目的地选择影响因素

游客在乡村旅游目的地活动体验围绕着乡村本地特色和生活展开。

5. 自驾游让游客走得更远、玩得更深，让旅程更加私密更加灵活

随着社会经济加速发展，人民群众旅游经验的丰富，个性时尚、灵活自由的自驾游成为人们出游的热门选择，游客消费延伸到了自驾产业链条上。在文化和旅游高质量发展的新时代，游客对出游行程规划、团队线路选择、停留时间节奏的自主把控需求日益明显，加上社会经济的不断发展，小汽车已经成为大多数人们日常生活的代步工具，完善的高速公路基础网络设施为自驾出游提供了坚实的基础，周边自驾游、高铁/航空+自驾游越来越受游客欢迎，尤其是以周边游为主的小长假、返乡探亲游为主的长假，自驾游需求显著。专项数据显示，2024年春节至国庆6个节假日选择自驾游客占比达到49.3%，近半数游客在节假日选择自驾出游。自驾游的快速增长带动了越野车、房车和家庭乘用车的销量增长和消费升级。自驾游也不是将私家车从客源地一路开到远程目的地，而是选择多种交通方式的组合，如"飞机+自驾""高铁+自驾""自驾+目的地小交通"等。我们也看到了跨界而来的投资者和新型市场主体的生长，围绕自驾游、公路游市场需求，既有一嗨、哈啰、神州这样自营平台对车辆等固定资产的战略投放，也有第三方车行的滴滴、飞猪和携程，不断完善和提升游客自驾出行服务。2024年国庆节专项数据显示，游客自驾游花费主要集中在加油、租金、停车、车辆保养等支出，分别占比25.2%、11.0%、10.5%、9.5%。游客花费也逐渐渗透到自驾游的各个产业链条上。

自驾游以周边游为主，热门目的地以一线城市为主，"近距离、短耗时"的自驾出行最受游客欢迎。专项大数据监测显示，选择参与周边游的自驾游客占比达70.6%，时间空间更为灵活的周边自驾游趋势显著（图2-20）；出游时长方面，12小时以内游客占比49.9%，短耗时自驾游最受游客青睐（图2-21）；出游距离方面，50公里以内游客占比为36.8%，[50，80）公里内游客占比13.2%，周边近程游特征显著。客流方面，南方城市贡献了57.9%的自驾游客，其中广东、江苏、四川、浙江、湖北贡献最多，共计超过南方游客的五成；北方城市中，山东、河南、河北、辽宁、北京等地自驾客流最多，超过了北方自驾游客的六成。自驾游热门目的地以一线城市为主，2024年1~10月自驾游热门目的地TOP10分别为：北京市、上海市、重庆市、成都市、广州市、武汉市、西安市、杭州市、长沙市和天津市。

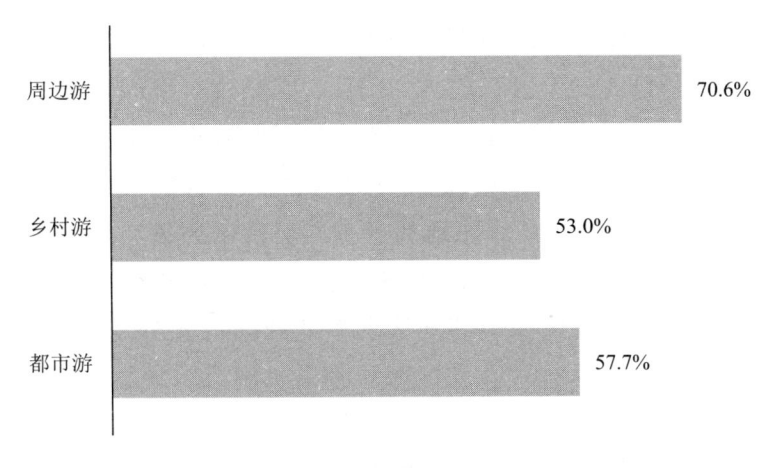

图 2-20　自驾游出游类型分布

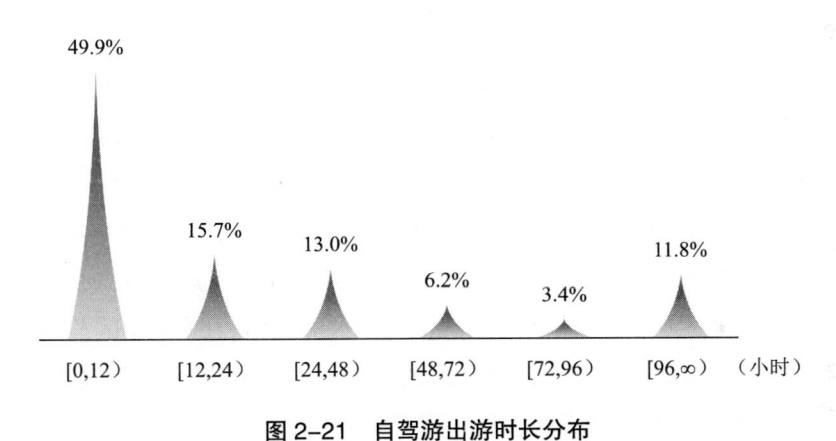

周边游　70.6%
乡村游　53.0%
都市游　57.7%

图 2-21　自驾游出游时长分布

[0,12)　49.9%
[12,24)　15.7%
[24,48)　13.0%
[48,72)　6.2%
[72,96)　3.4%
[96,∞)　11.8%
（小时）

三、区域均衡和意识觉醒，推动国内旅游整体迈入高质量发展新阶段

1. 国内旅游格局均衡化、融合纵深化的特征更加明显

（1）国内旅游区域结构差异化显著

2024 年，我国国内旅游仍然表现出显著的区域结构差异。首先从国内旅游客源市场角度来进行分析，城乡客源市场呈二元结构。城镇居民仍然是我国国

内旅游的主要客源群体。2023年城镇居民国内出游37.6亿人次，占比76.9%；农村居民国内出游11.3亿人次，仅占23.1%。在城镇居民国内旅游出游率持续攀升和人口城镇化稳步推进的背景下，预计我国城镇旅游者占据国内旅游客源市场主体的特征还将长期持续下去。东部地区占据了50%左右的国内旅游客源市场份额，是国内旅游的主要客源地和旅游市场营销的重点目标区。综合考虑国内旅游者的出游次数和停留时间等因素，2023年东部地区占据了49.7%的国内旅游客源市场，西部地区、中部地区和东北地区占比分别为25.6%、22.1%和2.7%。多个重点省份具有较强的国内旅游出游能力。2023年，浙江、广东、重庆、江苏、湖北等省市具有较大的国内旅游客源市场规模，上海、浙江、重庆、北京、湖北等省市的居民具有较高的国内旅游出游率。综合考虑上述两个指标，从规模和频率两个指标来看，浙江、广东、重庆、江苏、湖北、上海、北京等省市都是全国最重要的国内旅游客源市场。

其次从国内旅游目的地市场角度来进行分析。国内旅游目的地旅游收入的近四成集中在东部地区。2023年，各区域的国内旅游总收入存在明显差异，其中东部地区国内旅游总收入为71364.4亿元，占全国旅游总收入的38.6%，较2022年显著增加。中部地区和西部地区旅游总收入分别为44414.4亿元和56525.4亿元，占全国旅游总收入的24.0%和30.6%。旅游总收入最少的为东北地区，为12515.3亿元，仅占全国旅游总收入的6.8%。西部地区旅游接待人数已接近东部地区。2023年，东部和西部地区的国内旅游接待人数分别为56.9亿人次和51.3亿人次，西部地区未来有望在旅游接待人数上再次赶超东部地区。中部地区国内旅游接待人数为41.0亿人次。东北地区的国内旅游接待人数最少，仅为10.4亿人次。东部地区旅游人均消费具有显著优势。2023年，东部地区的国内旅游人均消费最高，达到1254.4元。其次是东北和西部地区，国内旅游人均消费分别为1198.8元和1102.3元，而国内旅游人均消费最少的是中部地区，为1082.2元，说明在旅游产业体系、旅游服务质量等方面与东部地区还有较大差距。

最后从国内旅游客流角度来进行分析。省内旅游客流占据了国内旅游客流主体，国内旅游呈现出显著的本地化、近程化特征。根据中国旅游研究院调查，2024年上半年，近程的省内旅游客流占到了全部国内旅游客流的74.9%，而远程的省际旅游客流仅占25.1%。省际旅游客流主要表现为相邻省份间互为客源地和目的地，国内旅游客流随距离增加而衰减的特征明显。在全国100条最重要的省际旅游客流中，有69条省际旅游客流为相邻省份之间的旅游流动，仅有31条旅游客流为非相邻省份之间的旅游流动。

2024年上半年，全国省际旅游客源地排名前10位的是山东省、江苏省、广东省、河南省、河北省、浙江省、北京市、上海市、安徽省、四川省。全国省际旅游目的地排名前10位的是江苏省、浙江省、河北省、广东省、四川省、安徽省、河南省、北京市、湖南省、山东省。

（2）"向中西""向海"和"向下"多维发展，"一脊两翼"和城乡区域旅游格局更趋平衡

改革开放以来，沿海地区成为我国经济版图和区域旅游格局中最为发达的区域，事实上形成了中国沿海发展脊，但"一脊两翼"并不均衡，陆翼渐丰、海翼乏力。2010年以来，综合客源产出和目的地发展，陆上区域旅游格局，东、中、西三大区域的份额分布已由"721"收敛为"631"，即从2010年的68%、21%、11%，演变到2024年的60%、25%、15%。未来五年，中西部的占比将进一步提升，东、中、西三大区域的份额分布将呈现"532"格局。

党的十八大首次明确提出建设海洋强国，党的十九大、二十大都明确了发展海洋经济、建设海洋强国的愿景，综合"21世纪海上丝绸之路"的实施，国内旅游从陆地走向海洋、从滨海向远洋拓展是不可逆的历史趋势。2023年，海洋旅游业增加值达1.5万亿元，约占国内旅游收入的30%。展望"十五五"，海洋旅游将占国内旅游四成份额，由中国沿海发展脊引领，"向中西""向海"双向发展，国内区域旅游格局将更趋平衡。

随着大众旅游进入全面发展新阶段，我国一、二线城市旅游市场渐趋成熟和饱和，低线城市、小机场城市、县城和中心城镇成为国内旅游新的增长点。过去出行的主力是北上广深等一线城市和强二线城市居民，现在越来越多的低线城市和乡村居民加入了旅游活动，成为旅游消费新动力，旅游已经成为人民群众泛在化的日常生活方式。数据显示，购买人生第一张机票的主力群体的平均年龄，已经下沉到20~25岁，其中近一半游客来自三线及以下城市。未来一段时间，伴随着农村居民出游意识的觉醒，旅游市场的下沉趋势或许促使旅游业成为破除城乡二元结构的先发产业。

（3）旅游与关联产业的深度融合、美好生活场景营造将成为目的地竞争的关键

现阶段，整体60亿人次的国内旅游规模中，九成以上的游客已经跨越单纯

欣赏美丽风景的初级阶段，开始进入感受美好生活的中高级阶段。人民群众对美好生活的品质化、便利化、定制化需求不断提升，旅游与文体娱乐、教育、健康、养老等产业进一步融合发展。2023年全国居民人均服务性消费支出1.2万元，比上年增长14.4%，占居民人均消费支出比重为45.2%。随着国家继续出台旅游消费促进政策，国内旅游消费将加快发展，旅游与文化、体育、教育、健康、养老等的融合程度将进一步提升。市场需求的转变，促使国内旅游将在未来一段时期全面实现由资源驱动向融合发展的模式转变。山水林田湖草构筑的生态本底，是旅游业发展的基础，旅游与相关产业的深度融合、在美丽风景基础上营造的美好生活场景，将是构建目的地综合竞争力的关键。"十五五"时期，各地旅游产品将更加注重文化的挖掘和科技、艺术、时尚等要素的加持，旅游品牌形象也将逐步去资源化，取而代之的是更富温度和调性的生活场景的营造和推广。回顾近两年美食旅游的发展，就是在与文化等关联产业的深度融合、在美好生活场景营造中注重加入现代、时尚、科技等元素，使其逐渐成为推动地方文旅高质量发展的主要驱动力（专栏1）。

专栏1 美食旅游的发展实践

关注文化挖掘，注重生活空间营造，已成为美食旅游提升市场竞争力的关键。从入选"大众旅游·美食系列"的"十城、十街、十企"等美食旅游标杆案例中，我们清晰地发现如下规律：

1. 综合加入科技、时尚、创意、主客共享理念和现代传媒方式的目的地美食文化，是标杆案例的成功秘籍。

湖南省挖掘湘菜文化渊源、培育城市休闲氛围，借助城市生活类融媒体和综艺节目的优势资源，提升"味道湖南"的品牌爆点和市场黏性。由美食引领，去"湘当有味的地方"，因追寻美食，而到访一座城市。潇湘大地正因为创新性活化利用美食文化，使美食旅游有力地推动了全省旅游业的高质量发展。

开封依托并活化历史资源，以宋文化为引领，将宋代美学融入城市建筑与市民生活，以宋食、宋茶、宋服、宋娱、宋艺为载体，活化非物质文化遗产，培育美食街区和品牌，让老资源焕发新活力。

重庆以美食文化符号构建地方集体记忆，优化"渝菜"菜品体系，丰富重庆火锅品牌内涵。以美食引领商圈整合与多业态融合，全线打通"解放碑—朝天门—十八梯"消费地标，不断创新主题消费场景，将美食资源转变为游客与居民可触可感的优质产品。超魔幻的山城景观和最地道的市井美食给游客带来了别样的文化体验，也为重庆打造世界美食之都、全球餐饮品牌聚集高地、全球美食文化交流中心注入不竭的动能。

泉州作为古代"海上丝绸之路"的重要起点，中外饮食文化在此交融互汇。伴随历史更迭与时代变迁，人与文化的交流造就了泉州独特鲜明的美食标志。近年来，泉州通过美食推荐官、"最闽南"美食嘉年华、《味爱泉州》《百姓的味道》《好吃客：泉州》等系列活动与节目，以"美食"为媒介传扬城市精神，讲述美食背后的文化故事，吸引着众多游客到访。美食文化已成为泉州最好的旅游吸引物。

2. 美食文化与美食旅游的结合，既让文化有了产业载体，焕发出生命力；也让美食有了文化灵魂，提升了市场竞争力。

长沙火宫殿，实施"文化+美食"战略，以其400余年的文化传承及100余种特色风味小吃，将美食之旅融入特色历史文化场景中，形成了"以文化为魂、以美食为媒"的文旅深度融合创新发展新模式。

成都大龙燚，将成都的美食元素、音乐文化、地域特色和城市风貌进行叠加，将火锅"搬上车"，营造"文旅+交通+音乐+美食"跨界融合的沉浸式消费新场景，为"美食旅游+"提供了消费破圈、跨界融合创新和产业链延伸的新思路。

开封市东京艺术中心，将文化演艺、居民休闲、城市更新与美食消费相结合，让"汴梁小宋城"成为市民休闲新空间、游客体验的新场景。在这里不仅能够欣赏《千回大宋》的文化视觉盛宴，也能品味传承千年的开封传统小吃。这种用主客共享理念、将传统文化活化、构建多元综合消费场景的市场创新，成为美食旅游企业可借鉴的成功案例。

2. "时时可休闲，处处可休闲"的时代特征日趋明显

（1）国民休闲意识持续增强

随着社会经济快速发展和人民生活水平不断提升，休闲的重要性及其多元价值逐渐形成共识。越来越多的人认同并践行"休闲即生活"的理念，将休闲视为美好生活不可或缺的重要组成部分。据中国旅游研究院（文化和旅游部数据中心）2024年国民休闲专项调查显示，超过76%的受访者认为休闲重要或非常重要，其中41.51%的受访者认为休闲非常重要，而认为休闲不重要的受访者

仅占3.25%。受访者普遍认为休闲活动在促进国民身心健康、平衡工作与生活、情绪管理、社交关系培育和个人成长发展等方面扮演着多维度、全方位的重要角色。据调查，76.92%的受访者强调，休闲活动彰显社会文明水平，是物质与精神双重富足的标志；33.20%的受访者看重休闲活动在缓解工作压力、恢复精力、放松身心等方面的作用，认为休闲有助于平衡工作与生活，有助于减少焦虑和抑郁等负面情绪。有24.39%的受访者通过休闲活动挑战自我、提升技能，了解自己和他人，促进个人创新思维和解决问题能力的培养。16.56%的受访者认为通过休闲活动可以拓宽知识面，增长见识；27.71%的受访者在休闲中追求新鲜感和高峰体验，享受心流状态。此外，诸多受访者认为休闲对于情感支持和心理健康至关重要，如有24.80%的受访者认为休闲提供了与家人朋友相聚的宝贵机会，增强了社交网络，有22.21%的受访者则认为休闲活动有助于拓展人脉，创造发展机会。这些数据表明，休闲活动不仅关乎个人的即时满足，更是支撑个人全面发展、促进社会和谐共生的重要力量。

（2）国民休闲方式和休闲场景日趋多元

伴随社会持续进步与民众生活品质显著提升，国民休闲方式日趋多元化和个性化。涵盖购物、娱乐、文化、体育、健身等领域的多样休闲方式各具特色，有效满足了不同人群的个性化需求。新兴业态，如剧本杀、密室逃脱、VR体验馆等不断涌现，为休闲市场注入了新的活力，吸引了大量年轻消费者的关注和喜爱。随着休闲需求持续增长，各地倾力打造特色鲜明的休闲场景，巧妙融入文化、艺术、科技等元素，使消费者在休闲过程中收获更加深刻、丰富的感受。无论是北京市亮马河国际风情水岸、"胡同里的新体验"，还是上海市苏州河滨水休闲娱乐项目，或者是由休闲绿道蜕变而来的南昌"艾溪嘻街"，都为城市生活注入了不竭的生机与活力，完美体现了"城市慢生活"的独特韵味，同时也为本地居民和外地游客提供了丰富多元的休闲场景。越来越多的滨水区域、口袋公园、桥下空间及艺术展览空间等新型公共空间不断涌现，为市民提供了多样化的休闲选择，极大丰富了城市的生活场景。现代科技的飞速发展，尤其是大数据、云计算、人工智能等先进技术的广泛应用，正引领着休闲产业数字化转型与创新，推动着休闲娱乐领域的重塑。

此外，随着健康中国战略的深入实施，国民对体育健身和全面健康的重视达到了前所未有的高度。从城市到乡村，从专业运动员到普通市民，体育健身已成为人们追求健康生活的重要方式。"15分钟健身圈""15分钟社区体育生活圈"丰富多彩的健身设施与活动设置、城市公园附近"智能健康驿站"提供的定制化健身方案，越来越受到当地居民的欢迎与喜爱。以马拉松和城市定向赛为代表的赛事活动，更是激发了全民参与体育活动的热情，让运动成为一种时尚、健康的生活方式。

据中国旅游研究院（文化和旅游部数据中心）2024年国民休闲专项调查显示，政府政策、公共休闲设施的完善、社会文化的支持是现阶段营造灵活便捷、多元包容休闲生态的关键。数据表明，受访者认为最需要改进的公共休闲设施与服务主要集中在图书馆、文化馆、艺术馆、博物馆等公共场馆（30.34%）、健身步道（27.24%）、户外篮球、足球、羽毛球、乒乓球等运动场地（25.09%），以及居住地周边的小型口袋公园或公共绿地（22.97%）。

（3）休闲意识和休闲方式共同助力休闲时间增加

随着国民休闲意识不断增强、社会节奏加快和生活方式多样化，国民越来越倾向于利用日常生活中的碎片化时间进行休闲活动。无论是在通勤路上通过手机观看短视频、听音乐，还是在工作间隙进行短暂的散步或阅读，这种灵活的休闲方式已成为许多人日常生活的常态。技术的发展和工作模式的更新也为这种趋势提供了便利，使得人们能够在有限的时间内更有效地放松身心，提高生活质量。中国旅游研究院（文化和旅游部数据中心）专项研究表明，2019年以来，国民休闲时长不断增加，尤其是疫情后的2023年，增幅较大，但2024年随着国民生活日渐回归正常，城镇居民休闲时长较2023年有所回落（图2-22）。未来国民休闲时间将比疫情前有所增长，但不会出现大幅增长。此外，带薪休假和弹性休假制度仍存在较大的提升与完善空间。2024年专项调查显示，37.08%的城镇居民受访者拥有带薪年假且可以自主安排，43.42%的城镇居民受访者拥有带薪年假但不能自主安排，可见，尽管大部分人拥有带薪年假，但很大一部分不能自主安排或不能休假，一定程度上会影响工作生活平衡和休闲满意度；近八成受访者非常支持或支持弹性休假，但目前有超过一半的城镇居民受访者（54.4%）不了解弹性休假制度，而其所在地区或单位并没有享受过这一制度。

图 2-22　城乡居民休闲时间变化趋势

第三章

港澳台旅游交流合作

2024年，内地与港澳旅游交流合作的双向奔赴成为常态，粤港澳大湾区建设以及内地与港澳的"同城化"趋势正在塑造内地与港澳合作的更多可能。尽管大陆与台湾的旅游交流合作依然面临冲击和挑战，但在大陆政策推动下仍有持续进展。

一、港澳台旅游发展现状及趋势

2024年，内地为港澳特区贡献了70%~80%的客源市场，香港特区不仅是中国台湾地区的第一客源市场，还是澳门特区的第二客源市场。此外，澳门特区、台湾地区位列香港特区前十大客源市场，台湾地区位列澳门特区前十大客源市场，大陆地区、澳门特区位列台湾地区前十大客源市场。这种互为重要客源地与目的地的高度协同，是香港、澳门长期繁荣稳定，海峡两岸关系和平发展的重要保证。

1. 香港与内地双向奔赴成常态

2024年1~9月，香港特区累计接待游客3258.87万人次，与上年同期相比增长了39.73%。与2013~2019年相比，同比增长率水平较高，显示出疫后旅游业平稳健康发展的良好势头（图3-1）。

第三章　港澳台旅游交流合作

Chapter 3　Tourism exchanges and cooperation with Hong Kong, Macao and Taiwan

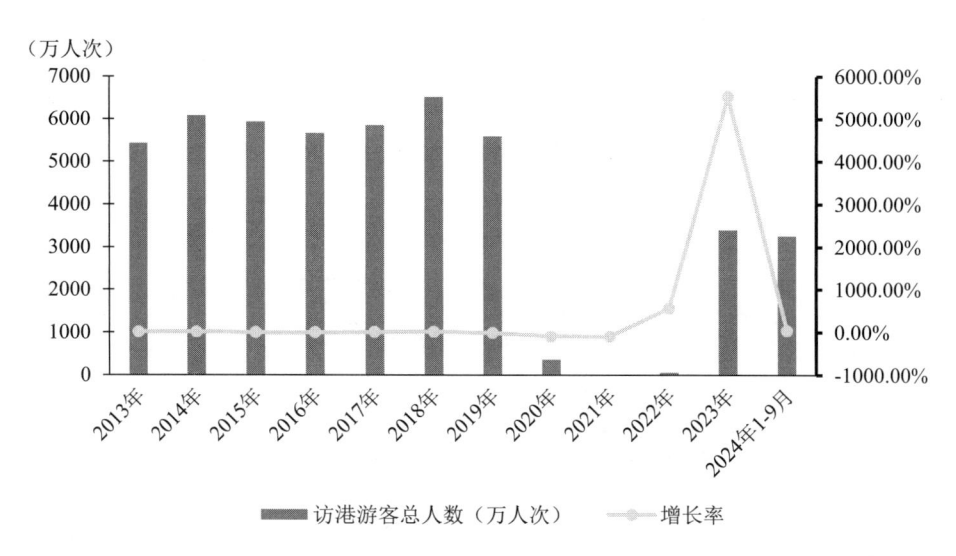

图 3-1　2013—2024 年（1~9 月）访港游客数量变化情况

数据来源：香港旅游发展局

2024 年，内地访港保持同比正向增长。2024 年 1~9 月，香港特区接待内地游客 2523.62 万人次，占香港接待游客总体的 77.44%，同比增长 35.06%。其中 1~2 月及 7~8 月的寒暑假期，为客流高峰。2024 年以来，尽管涨幅呈现下降趋势，但各月度一直保持正向增长（图 3-2）。

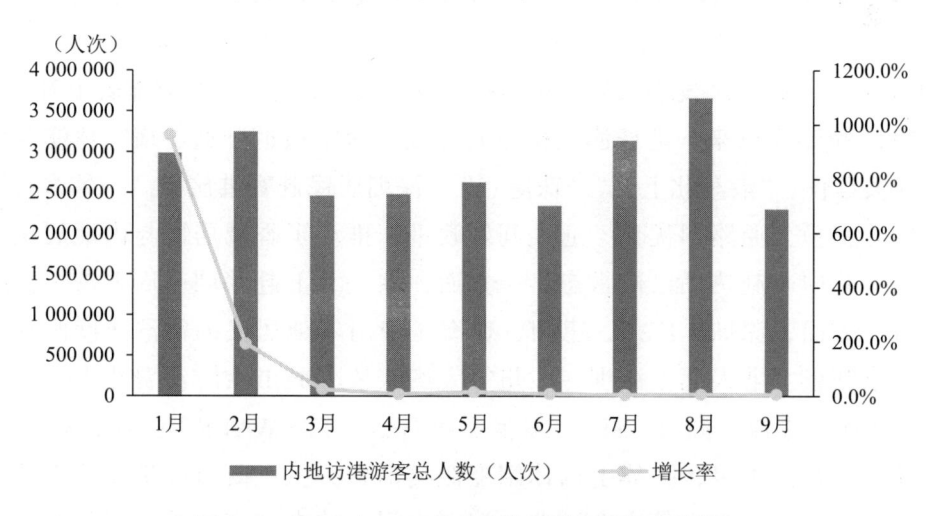

图 3-2　2024 年 1~9 月内地访港游客数量变化情况

数据来源：香港旅游发展局

2024年1~9月，除内地市场外，香港前十大客源市场分别是中国台湾、中国澳门、菲律宾、美国、韩国、日本、泰国、新加坡、马来西亚、澳大利亚。3月、6~8月，分别是阶段性的访问高峰（图3-3）。

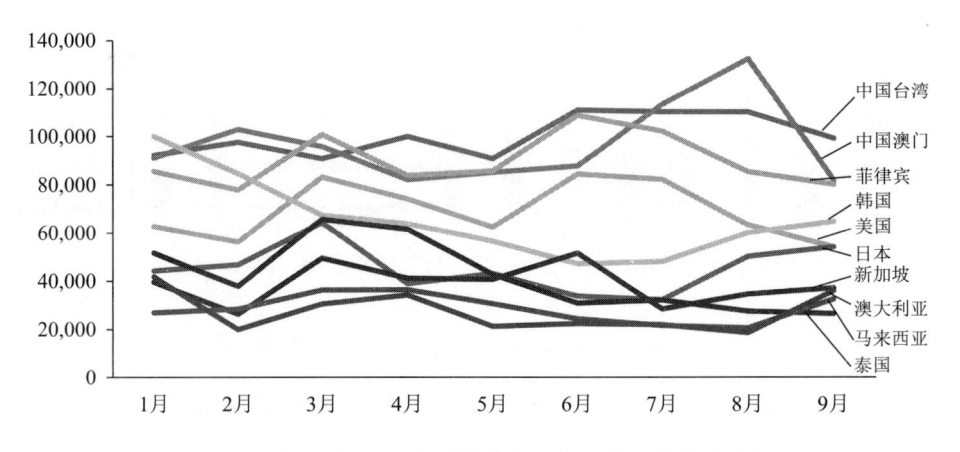

图3-3　2024年1~9月香港前十大客源市场访客人次数

注：内地市场除外

数据来源：香港旅游发展局

疫情后客群需求嬗变，香港旅游业面临转型升级。2024年上半年，作为香港头部入境市场，内地赴港过夜游人均消费同比下降32.6%，与疫情前的2019年相比，过夜游人均消费也有明显降幅。而第二大入境市场南亚及东南亚，2024年上半年赴港过夜游人均消费与疫情前2019年相比，则有显著上升。

2023年年底以来，港珠澳大桥旅游开放、深中通道开通、横琴粤澳深度合作区封关运作、"港车北上""经珠港飞"、深圳居民赴香港旅游"一签多行"签注实施等多项交通路网优化、通关利好政策，推动了香港居民与内地居民"北上南下"双向奔赴热潮已成常态。一方面，港人北上赴深圳度周末需求持续走高，另一方面，深圳、广州、惠州、珠海、中山等地居民前往港澳度假和亲子游的需求旺盛。港人北上深圳、广州等大湾区核心城市旅游消费热点主要集中在亲子乐园、漂流、温泉、SPA、采摘、露营、"CITYWALK"、高尔夫、马术、野外徒步等热门项目，整体上以休闲度假类消费为主，既有高端度假消费，又有高性价比的城市观光等大众消费。深港之间，越来越多的香港居民北上深圳看病、洗牙、吃饭、逛街，深圳人则到香港看展览、购物，深港跨城消费不断迎来"小高潮"。

在深圳，叠加深圳"双区"建设国家重大发展战略和深港河套科技创新合作区人员、物资等跨境流动频繁，国家移民管理局推出一系列促进中外人员往来的政策措施，极大地提升了口岸通关效率和外籍人员来华工作、经商、学习、旅游和生活的便利度，令皇岗、福田口岸出入境客流量持续呈攀升态势。在珠海，港珠澳大桥跨越伶仃洋，壮丽的自然风光叠加口岸交通优势，使其成为内地赴港澳游的首选通道之一，经港珠澳大桥开展"一程多站"式旅游的人数不断增多。每逢节假日，"港人北上"屡屡成为现象级话题，"港珠澳大桥塞车"一度在社交平台冲上热搜。"一脚油门到珠海"也成为不少香港游客的假期新选择。

2. 澳门"1+4"经济适度多元发展动能强劲

2024年澳门旅游市场整体稳定增长，内地依然占据其头部份额。2024年1~9月，澳门特区累计接待游客2592.1万人次，同比增长30.1%，其中内地游客1821.7万人次，占比70.3%，同比增长36.3%（图3-4）。

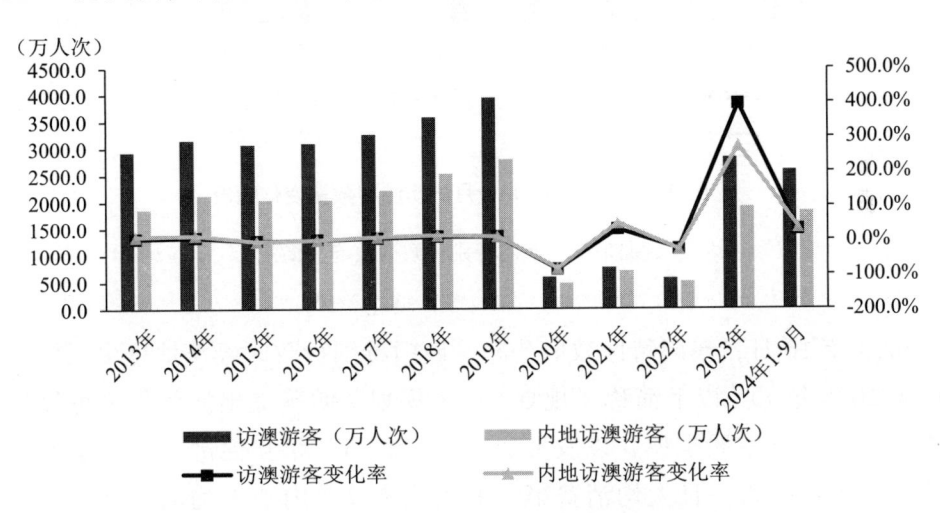

图3-4　2013~2024年（1~9月）访澳游客数量变化情况

数据来源：澳门特别行政区政府旅游局

2024年内地访澳游客人次同比增长强劲。2024年1~9月，内地访澳游客同比增长均高于访澳游客市场整体，且内地各月同比上年同期均为正向增长（图

3-5）。2024年以来，受益于粤港澳大湾区"惠澳"相关政策、横琴粤澳深度合作区封关、珠海居民赴澳门旅游"一周一行"签注实施、横琴粤澳深度合作区居民赴澳门旅游"一签多行""琴澳半小时生活圈"再添交通新方式、黄茅海跨海通道通车、"澳琴·会展"IP的推出等若干利好政策、交通格局改善、环境优化的影响，澳门特区与内地之间的文化旅游交往交流交融不断走向崭新的历史阶段。中国旅游研究院（文化和旅游部数据中心）调查数据显示，2023年澳门旅游满意度为84.09分，排名第三。2024年第一季度旅游满意度得分为83.49分，跃升至第一位，成为内地出境旅游者最满意的目的地。

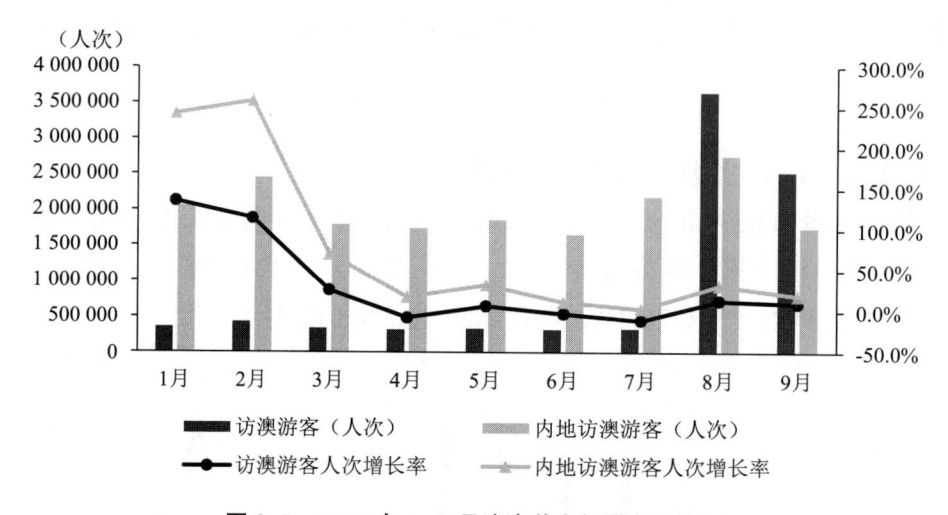

图 3-5 2024 年 1~9 月访澳游客数量变化情况

数据来源：澳门特别行政区政府旅游局

2023年10月，澳门特区政府公布《澳门特别行政区经济适度多元发展规划（2024~2028年）》（以下简称《规划》），《规划》明确提出澳门作为世界旅游休闲中心这一重要发展定位，以及形成"1"和"4"相互促进、协调发展的产业结构。作为规模第一且人均消费第一的入境市场，内地人均消费水平出现同比显著下降。2024年前三季度，内地赴澳门旅游的人均消费为2487澳门元，同比下降21.7%。

3. 闽台旅游率先恢复，两岸观光热潮稳步复苏

2024年以来，台湾地区旅游业整体复苏态势稳定。2024年1-9月，台湾地区共接待游客554.5万人次，同比增长27.1%（图3-6）；其中大陆游客29.32万人次，同比增长97.3%，占比台湾地区接待总体的5.3%，大陆访台游客自2022年以来实现连续三年占比增长，"渐进式开放策略"促使两岸观光、商旅、会展稳步复苏。2024年上半年，大陆累计赴台湾旅游人次达18.8万人次，同比增长156.1%，是台湾地区全部入境市场中增长率最高的客源地。2024年8月、9月，福建居民到马祖、金门旅游先后重启，活动、研学、文化、运动等多元复合旅游模式受到大陆市场青睐。与此同时，10月以来，经"小三通"来往大陆的台湾同胞数量，也呈现快速增长态势。历经数年停滞，金厦（金门与厦门）、连马（连江与马祖）两个"一日生活圈"再度活跃，大小景点周边荣景再现。

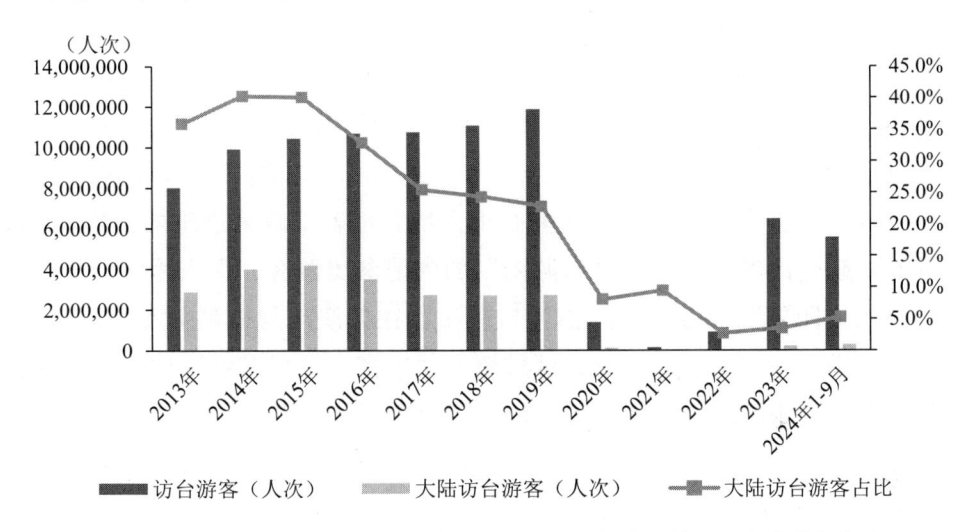

图3-6　2013—2024年（1~9月）访台游客数量变化情况及大陆游客占比

数据来源：台湾地区观光局

二、大湾区一体化与港澳旅游协同发展

粤港澳大湾区"9+2"城市群总面积5.6万平方公里，总人口（常住）8560.7万人，2023年大湾区经济总量突破14万亿元，5年增长了3.2万亿元，100公里半径内集中了五个万亿级城市，同时具备超大规模市场和超大规模产

业。巨大的经济总量，强劲的增长动能，具有全球竞争力与宜居环境的城市集聚，无疑让粤港澳大湾区形成世界级影响力的区域目的地成为可能。

1. 深耕大湾区建设，驱动"内地＋港澳"文旅融合发展

2024年4月，香港特区政府康乐及文化事务署成立弘扬中华文化办公室，专责策划及举办推广中华文化和历史活动，2024年起举办"中华文化节"，彰显中华文化的独特魅力，并配合爱国主义教育工作，让市民更全面和多方位体会中华文化的精髓，以及香港与内地同根同源的文化底蕴。

2024年12月20日，习近平总书记在庆祝澳门回归祖国25周年大会暨澳门特别行政区第六届政府就职典礼上的讲话中指出："推动实现横琴粤澳深度合作区同澳门经济高度协同、规则深度衔接，各类要素跨境流动高效便捷。"横琴粤澳深度合作区自2024年3月1日0时起正式封关运行，琴澳两地间人员及货物的往来进出均得到进一步便利化。2024年4月28日，国家移民管理局发布《国家移民管理局关于实施进一步便民利企出入境管理若干政策措施的公告》，宣布自5月6日起允许参加了"琴澳旅游团"的内地参团游客，在入境澳门后7日内能够以"团进团出"的方式，经横琴口岸多次往返澳门与横琴粤澳深度合作区。这一重要举措，一方面有助于整合区域资源、丰富"一程多站"项目、加快推进澳门与深合区的旅游融合发展，另一方面则有助于扩大两地的内地客源市场，便利游客深度体验澳琴的独特魅力，为旅游业乃至经济带来崭新的发展机遇。

截至2024年8月，横琴粤澳深度合作区拥有超过20个会议及会展场地，已举办会展活动近500个，使用面积超23万平方米，与会者超6万人次。

2. 立足大湾区战略，联合推进大湾区品牌一体化建设

2024年，粤港澳三地以打造粤港澳大湾区世界级旅游目的地为重点，创新联合推广方式，拓宽联合推广平台，加大联合推广力度。通过策划组织在内地重要客源市场和境外重点客源地开展粤港澳大湾区联合推广活动，加大媒体宣传投放和平台资源共享，拍摄电视节目于东南亚市场相关平台播放等方式，宣传推介大湾区旅游目的地形象品牌和"一程多站"旅游产品和线路。同时相互支持举办广东国际旅游产业博览会、澳门国际旅游（产业）博览会、香港国际旅游展并设立粤港澳联合展台。还组织境外业界代表体验粤港澳"一程多站"旅游线路，拓展粤港澳海外客源市场，推动引客入湾区。

早在 2023 年 7 月，横琴粤澳深度合作区经济发展局就出台《横琴粤澳深度合作区会展产业发展扶持办法》，针对初创型展会、成长型展会、品牌展会、行业会议、国际会议、"以会带展"、粤港澳大湾区会展合作项目、重点产业会展项目、"一会展两地"模式等分别进行了扶持说明。2024 年，澳门特区推出全新品牌"澳琴·会展"。

3. 聚焦大湾区基础，构建多维联动的旅游交通体系

2024 年，以城际铁路、跨江跨海通道、国际机场为代表的陆海空立体交通格局的进一步规划与完善，正在加速大湾区互联互通互融的效率，助力湾区旅游、商贸、交流，推动粤港澳大湾区市场一体化进程。

城际铁路方面，2024 年 5 月 26 日，广佛南环城际铁路及佛莞城际铁路在粤港澳大湾区正式开通，与既有的佛肇城际铁路、莞惠城际铁路实现互联互通，共同构成一条连接肇庆至惠州的东西向交通干线。

跨江跨海通道方面，目前，环珠江口 100 公里的"黄金内湾"已启用六条通道，包括 1997 年启用的虎门大桥、2008 年启用的黄埔大桥、2018 年启用的港珠澳大桥、2019 年启用的南沙大桥、2024 年启用的深中通道以及黄茅海跨海通道。

国际机场方面，2024 年 3 月，广州白云国际机场 T3 航站楼项目主体结构的钢结构网架全面合龙，标志着"羊城花冠"粗具规模。展望未来，白云国际机场将发展成为全球规模最大的单体机场，预计年旅客吞吐量和货邮吞吐量将分别达到 1.2 亿人次和 380 万吨。同时，机场将整合地铁、城际铁路、高速铁路等轨道交通线路，实现多种交通方式的便捷换乘和高效出行，以支持其全方位门户复合功能的形成。2024 年 11 月，香港国际机场三跑道系统的正式启用，为粤港澳大湾区世界级机场群注入了新活力，未来将显著提升机场的客货运能力至 1.2 亿名旅客和 1000 万吨货物。同月，澳门国际机场扩建填海工程正式开工，预计整个扩建工程将于 2030 年下半年竣工，届时澳门国际机场的可用总面积将增至 325 公顷，首阶段年旅客接待能力将提升至 1300 万人次。

交旅融合方面，粤港澳大湾区目前拥有三个邮轮母港，分别是广州南沙、深圳蛇口以及香港启德，依托这些母港已形成一个 3 小时邮轮经济圈。2024 年 5 月 15 日，国家移民管理局宣布，由不少于 2 名成员组成的外国旅游团，将能够在包括深圳和广州在内的 13 个邮轮口岸享受免签入境 15 天的旅游便利。

2024年12月18日，爱达·地中海号邮轮正式开启广州南沙母港的航季。在首个航季，其航线将覆盖中国香港、日本、越南等热门旅游目的地。该邮轮巧妙融入岭南地域文化与传统节庆文化，为华南地区的游客打造一系列具有特色的邮轮文化体验。

4. 拓展大湾区数智，推动旅游产业的数字化转型

粤港澳大湾区正积极借助大数据、云计算、人工智能等现代信息技术，推动旅游产业的数字化转型。2024年以来，以微信支付为代表的数字支付平台，提升了大湾区游客支付便利性。2024年8月，微信支付与八达通合作，为的士司机和乘客推出新支付方案，支持微信支付和微信香港钱包，用户可通过八达通网络或微信"的士收钱码"付款。同年9月，微信支付正式接入澳门巴士公共交通网络，WeChat港币钱包（WeChatPayHK）进一步拓展公共交通场景，新增接入澳门特别行政区与18个"港人北上"热门内地城市的公共交通网络，累计已连接近50个城市的公共交通网络。

2024年，第二十届中国国际文化产业博览交易会、以"数字赋能新文旅 产业汇聚大湾区"为主题的广州文交会、以"文化金融湾区领航，产业科技互促双强"为主题的粤港澳大湾区文化产业投资大会等大型会议相继举办，文化科技、数字内容、融合业态、传统文化产业创新等领域中具备文化代表性、科技前沿性以及市场发展潜力的创新型文化项目进行投融资对接。

粤港澳大湾区正逐步构建起一个集科技、文化、旅游于一体的新型旅游生态系统。在此过程中，旅游服务的质量得到显著提升，游客体验也更加丰富和个性化。未来，随着技术的不断进步和应用的深入，大湾区有望成为全球旅游创新的典范，引领全球旅游产业的发展潮流。

三、持续深化两岸旅游交流合作

党的二十届三中全会明确了在全面建设社会主义现代化国家新征程上推进两岸关系发展和祖国统一大业的目标任务，也为对台工作高质量发展带来难得的机遇。坚持把高质量发展要求贯穿两岸经济及各领域交流合作、融合发展全过程，始终尊重、关爱、造福台湾同胞，持续完善增进台湾同胞福祉的制度和政策，扩大两岸民众的受益面和获得感。拓宽两岸文化和旅游交流合作领域和渠道，为台湾同胞特别是台湾青年来大陆学习、生活、就业创业等提供更多便利，推动在交流交往交融中铸牢中华民族共同体意识、守护中华民族共同家园。

1. "十项措施"正式出台

2024年1月1日，为深入贯彻落实《中共中央 国务院关于支持福建探索海峡两岸融合发展新路建设两岸融合发展示范区的意见》，中华人民共和国出入境管理局紧扣两岸融合发展示范区建设规划，聚焦台胞台商台企所需所盼，研究出台十项出入境政策措施（简称"十项措施"）。在便利台胞往来方面，实行台湾居民来往大陆通行证"网上办""口岸办""集中办"，办证方式更加便捷，办证渠道更加丰富，让台胞来闽实现"想来即来"；在鼓励台胞来闽定居落户方面，明确申请在闽定居的台胞，可以向拟定居地县级以上公安机关出入境管理机构提交定居申请；在便利台胞在闽生活发展方面，扩大台胞证联网核验服务范围，来闽短期旅游、探亲、商务的台胞持台胞证也可享有交通出行、电子支付等公共服务便利。在促进两岸社会文化交流方面，"十项措施"推动两岸共同举办文化节、艺术展览、体育赛事等活动，增进两岸民众的相互理解和情感联系。同时，支持两岸媒体加强交流合作，共同制作反映两岸人民生活和文化特色的节目，以增进两岸民众的相互了解和文化认同。

2. "两门对开，两马先行"便利两岸交流合作

2024年8月22日、9月27日，福建省公安厅出入境管理局先后恢复福建居民赴马祖、金门旅游签注办理，获发旅游签注的旅客，分别可搭乘"小三通"航线，经黄岐、马尾港，以及经五通、石井口岸出入境。

自9月27日大陆恢复办理福建居民赴金门旅游签注以来，截至11月11日，经"小三通"到访金门的福建游客累计达10183人，11月9日有1475名福建游客到访，创下单日到访金门人数最高峰。其中，福建游客以个人游为主，占比约86%，团客人数呈逐步增长趋势。在各方齐力推动下，福建游客逐渐以活动、研学、文化、运动等复合旅游模式前往金门，深度体验当地人文风情，两岸观光热潮已稳步复苏。随着厦金"小三通"航线航班班次增加、海峡文博会等文化活动以及人员交流日盛，自10月以来台湾客流量也呈现迅猛增长。截至

11月9日，厦门边检总站高崎边检站2024年累计验放厦金"小三通"客运航线船班逾5000艘次，查验出入境旅客达100万人次，其中台胞数量占比九成以上。2024年以来，泉州边检站已累计验放泉金"小三通"客运航线船班超过460艘次，查验出入境旅客达4.3万余人次，其中台胞数量占比超过70%。自10月以来，客流量呈现出迅猛增长态势，同比增幅超过165%。

3. 两岸文化旅游交往交流交融不断

2024年海峡两岸交往交流交融不断，在教育、文化、旅游、就业与创业等多领域多元实践，持续造福两岸同胞。在教育与就业、创业领域，台湾大学生赴大陆夏令营、冬令营、中华文化研习营、台湾青年实习就业交流、两岸青年创业论坛等两岸多地主题活动不断。在文化与旅游领域，海峡两岸中华文化峰会、闽台大圣文化交流论坛、海峡两岸民俗文化节、"华夏瑰宝"文物展、"亲亲闽台缘"两岸非遗交流活动、"九千里路云和月"两岸文化交流大型融媒体活动、海峡两岸孔子文化交流学术研讨暨成果展等大量会议、展览、节事活动，旨在让两岸民众近距离领略中华文明的博大精深，深入挖掘整合两岸文化旅游资源，增强中华优秀传统文化的凝聚力、影响力、创造力，促进两岸同胞在民族认同、文化认同、国家认同上的增进，为建设中华民族现代文明发挥应有的作用。

四、构建港澳台旅游交流合作新格局

政策引导、机制培育、模式更新，是基础；文化认同、身份认同，是核心；铸牢中华民族共同体意识、守护中华民族共同家园，既是目标，也是要义。

1. 培育内地（大陆）与港澳台地区交流合作新机制

加强内地（大陆）与港澳台地区旅游合作的政策支持和机制创新。通过制定更多利于内地（大陆）与港澳台地区旅游合作的政策，如简化旅游签注手续、为游客提供便利，推动居民赴台团队游、增加直航航班等，推动旅游业界建立长效合作机制，共同开发旅游产品，打造特色旅游线路，促进旅游市场的共同繁荣。同时，利用粤港澳大湾区"世界级机场群"，开发更多国际航线，提升旅游便利性，吸引国际游客；加强与国际旅游组织的合作，共同开发国际旅游产品，推广内地（大陆）与港澳台地区的旅游资源和文化特色；加强旅游信息共享，建立旅游信息服务平台，提供实时的旅游资讯和应急服务，确保游客的安全和满意度。

2. 创新多元交往，共建多赢模式

拓宽交流合作领域和渠道，引导更多港澳台同胞赴大陆感受"诗意共远方"，支持内地（大陆）更多景区推出面向港澳台同胞门票优惠政策。积极研发、发布港澳台旅游精品线路，不断提升港澳台同胞在大陆旅游体验；支持港澳两地做优"北上自驾"服务，助力"港车北上""澳车北上"。

深入开发研学旅游、海洋旅游、健康医疗旅游等相关产品。为港澳台同胞特别是港澳台青年来内地（大陆）学习生活、就业创业等提供更多便利。举办青年企业家峰会、青年实习就业创业研讨会等交流活动，支持各地及相关企业继续为港澳台青年提供更多参观、实习、就业机会，走出"信息茧房"，支持研学机构组织港澳台青年研学团赴内地（大陆）研学，开展遗产研学、非遗研学、考古研学、文物游径研学、自然教育研学等活动；创新港澳游艇出入境管理模式，推动粤港澳帆船自由行、游艇自由行；以澳门协和医院投入使用为契机，推动"医疗+旅游"。

加密民间文化交流与互动。办好世界客属恳亲大会、世界妈祖文化论坛、粤港澳大湾区文化艺术节等一批文旅体融合大型节事活动。

3. 强化湾区驱动，共拓湾区品牌

通过持续打造香港"国际文化大都会""国际城市旅游枢纽""亚洲盛事之都"、澳门"世界旅游休闲中心""美食之都""演艺之都""体育之城""澳琴·会展"、台湾"亲山·亲海·亲环岛"等大湾区、横琴粤澳深度合作区、港澳台各地品牌形象，实现错位发展。支持粤港澳三地联手打造大湾区品牌，支持在全球范围内逐步布局粤港澳大湾区文化旅游推广中心。充分利用香港作为中外文化艺术交流的重要枢纽的独特优势，通过举办多元的文化节事活动、文化艺术展览等方式，传播中华文化及其与世界文明交往交流交融的良好形象。继续举办"中华文化节"，展示国家文化软实力和彰显中华文化的独特魅力。支持香港特区康乐及文化署弘扬中华文化办公室与内地、澳门特区、台湾地区联动，共同策划及举办推广中华文化和历史的活动。共同策划和推广国际艺术节、国际电影节、国际旅游博览会等国际级的文旅活动。

4. 拓展多维渠道，强化同根同源认同

加强内地（大陆）与港澳台地区文化交流与合作，共同举办文化节庆活动、艺术展览、学术研讨，增进相互了解，促进文化认同；推动内地（大陆）与港澳台共有文化符号、身份认同的资源转化，形成文旅体验产品、线路、文创商品；促进内地（大陆）与港澳台地区非遗研学产业、旅游+教育融合发展。鼓励港澳台同胞申请国家级非遗代表性传承人；设计"寻根之旅""非遗体验之旅"等以文化体验为核心的旅游线路产品，促进文化传承，强化身份认同；推动内地（大陆）与港澳台学校、教育机构合作，开展学生交换、教师互访、联合研究，推动年青一代在学习和交流中加深对中华文化的理解和认同。

5. 深化数智共建，运用智慧旅游

推动智慧旅游和数字化转型，构建内地（大陆）与港澳台地区智慧旅游新生态。利用大数据、云计算、人工智能等现代信息技术，提升旅游服务的智能化水平。建立智慧旅游平台，整合旅游资源，加强旅游数据的共享与分析，为旅游决策提供科学依据，优化旅游资源配置，提高旅游管理效率。

推动内地（大陆）与港澳台地区旅游信息一体化建设，实现旅游信息的互联互通。通过建立统一的旅游信息数据库，整合各地的旅游资讯、活动信息、交通指南等，为游客提供全面、准确、及时的旅游信息服务。加强旅游安全信息的共享，建立旅游安全预警机制，确保游客的旅游安全。

加强旅游产业数字化人才培养，为智慧旅游发展提供人才支持。通过校企合作、职业培训等方式，培养一批懂技术、懂旅游、懂管理的复合型人才，为智慧旅游的持续发展注入新的活力。同时，鼓励旅游企业加强技术创新，提升服务品质，打造智慧旅游品牌。

第四章

全球视野中的入出境旅游市场

随着限制措施的取消和国际航班数量的增加，国际旅游呈现繁荣发展的态势。世界旅游业基本复苏。亚太地区恢复强劲，这既与中国的入出境旅游发展密切相关，也为中国的入出境旅游发展提供了更良好的条件。我国采取了前所未有的入境签证便利化政策，使外国游客在华支付、住宿登记等方面的便利度进一步提升，入境旅游市场恢复增长态势更加明显。潜在入境旅游需求水平有较大幅度提高。未来需要继续提升入境旅游便利化水平，各级旅游目的地要不断创新管理和营销工作。出境旅游环境得到了明显优化，出境旅游快速复苏，呈现出新特征新变化。未来需要以世界旅游共同体为引领推动出境旅游发展，积极推动政策创新，系统保障中国公民境外旅行的安全、便利、平等和品质。以人民为中心，更好满足大众对出境旅游特色化、多层次的旅游需求。

一、快速复苏的世界旅游业

1. 世界旅游业基本复苏

2023年，各国不断释放促进信号，利好和便利化政策持续推出，国际旅游需求进一步得到有效释放，开启了新的繁荣发展阶段。2023年全球国际旅游收入约为1.53万亿美元，同比增长35.19%，已经超过2019年疫情前的水平，同比增长2.99%（图4-1）。

在全球经济乏力和地缘冲突的挑战中，国际旅行需求依然表现出强劲的韧性和继续攀升的态势。根据联合国世界旅游组织的统计数据，2023年国际游客人数已经回升至13.04亿人次，较2022年增长了33.82%，相当于恢复到2019年疫情前水平的89.05%（图4-2）。

第四章 全球视野中的入出境旅游市场
Chapter 4 Inbound and outbound tourism market in a global perspective

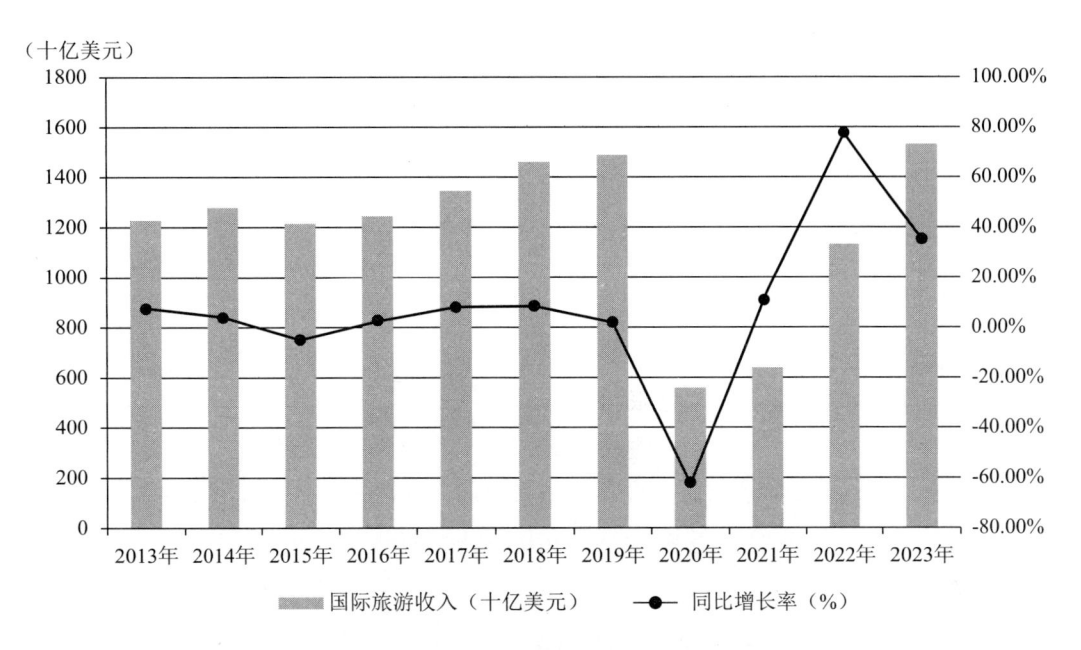

图 4-1 2013~2023 年国际旅游收入和同比增长率

数据来源：联合国旅游组织（UN Tourism）

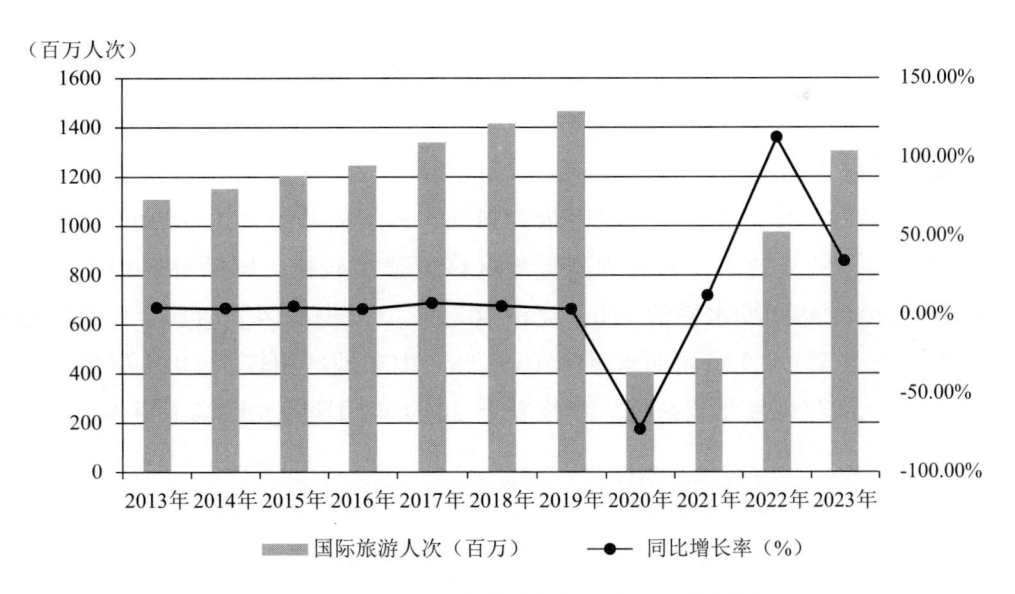

图 4-2 2013~2023 年全球国际游客人数和同比增长率

数据来源：联合国旅游组织（UN Tourism）

55

2024年1~9月，全球共有10.96亿游客进行了国际旅行，与2023年同期相比增加了11.60%，恢复到疫情前水平的98.22%。在2024年第一季度达到96.84%后，持续增长的国际旅行需求相对减缓，国际游客人数在2024年第二季度仅恢复至疫情前的97.57%，随着暑期国际旅行需求的增长，2024年7月达到疫情前的98.89%（图4-3），8月和9月基本均恢复至98%以上。

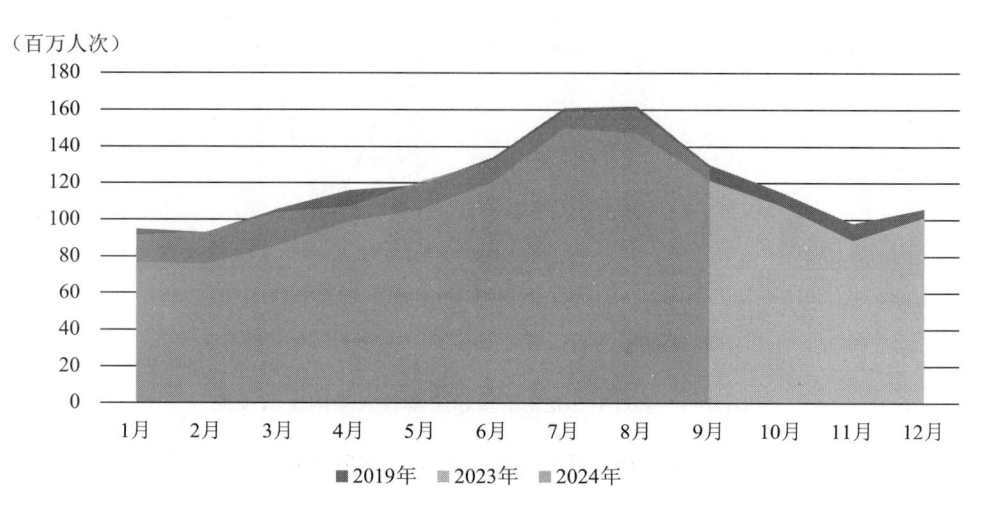

图4-3 国际游客月度人次

数据来源：联合国旅游组织（UN Tourism）

随着限制措施的取消和国际航班数量的增加，国际旅游呈现繁荣发展的态势。2024年1~9月，亚太地区恢复最为强劲，入境人数超过了疫情前的38.0%。在区域性需求的支持下，非洲和美洲地区恢复速度较快，国际游客到达人数分别恢复至2019年同期水平的110.6%和107.6%。欧洲地区紧随其后，国际游客到达人数恢复至2019年同期水平的106.2%。中东地区相较于2023年的强劲恢复态势，2024年恢复步伐减缓，仅恢复至2019年同期的99.6%（图4-4）。

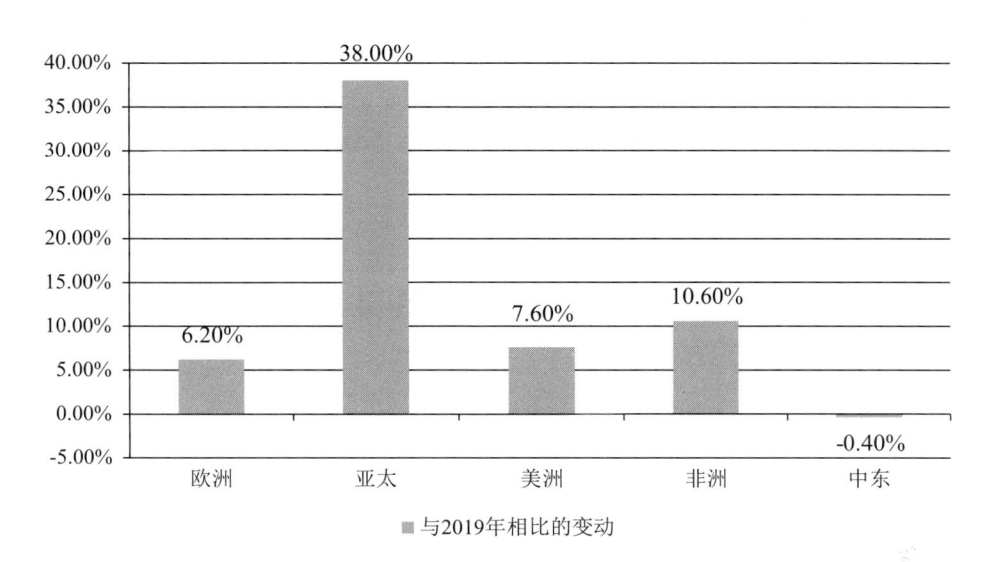

图 4-4 2024 年 1~9 月各地区国际旅游人次恢复情况

数据来源：联合国世界旅游组织（UN Tourism）

2. 世界旅游业发展的不稳定因素依然突出

2024 年，受全球经济形势，通胀持续、利率提高、贸易、油价不稳定和地缘冲突等因素的影响，全球旅游产业发展面临着巨大挑战。特别是地缘冲突依然是影响全球旅游业发展的重要因素。巴以冲突、俄乌冲突以及其他日益加剧的地缘政治局势，使得游客到访和过境变得困难，不确定性阻碍了部分国家及地区的国际旅游业发展和旅游目的地建设。美国等发达国家的经济政策的变化也使全球经济产生更多不确定性。

3. 世界旅游业发展仍处于动能转换的发展进程中

目前，全球经济进入改革与重组、创新与发展交织的发展周期中，新兴经济体与发达经济体之间的博弈和未来经济重心的竞合，都将推动包括旅游在内的新市场和新发展模式的变迁。

未来，以人类命运共同体理念指引的国际旅游交流与合作更为重要和迫切。技术的发展和渗透也将重塑国际旅游业发展，高科学技术，如虚拟现实、人工智能、机器人、语音识别等发展，为全球旅游业的合作提供更多更完善的合作平台，为国际游客提供更加精准、智能化的服务，也会为国际旅游业发展赋能。可以想象，未来将会形成更加优渥的旅游环境，更加强韧的旅游经济以及更加充沛的旅游活力，为全球经济发展和人民美好幸福而聚能。

二、入境旅游进入加速复苏新通道

1. 入境旅游政策不断优化创新

入境旅游在国家战略体系中的地位进一步提升，中央政府多措并举提升入境旅游便利化。2023年9月，国务院办公厅印发了《关于释放旅游消费潜力推动旅游业高质量发展的若干措施》，明确提出要加强入境旅游工作，开展和落实签证、国际航班、在华旅行便利度等方面的入境旅游促进措施，这些措施正在逐步落地执行。

在签证方面，从2024年下半年开始，我国实施了一系列前所未有的入境签证便利化政策。分别在2023年12月，2024年3月中旬、6月底、9月底、11月初和11月底多次扩大单方面免签国家范围。截至目前，已对38个国家实行单方面免签入境政策，加上与我国签订全面互免签证的25个国家，这意味着63个国家的公民可持普通护照免签来华。同时，我国还进一步优化了单方面入境免签政策，将交流访问纳入免签事由，将免签停留期限自现行15日延长至30日。2024年5月15日起，乘坐邮轮来华并经由境内旅行社组织接待的外国旅游团可从我国沿海13个邮轮口岸免签入境。我们还对港澳地区外国人组团赴广东10城和海南省实施了144小时免签。

2024年12月17日起，国家移民管理局全面放宽优化面向54个国家的过境免签政策，将过境停留时间由原72小时和144小时均延长为240小时（10天），适用口岸从原来的39个增加至60个，适用省份由原来的19个增加至24个，打破了之前停留区域分割的局面，允许过境免签外国人在更大的区域内自由穿梭，停留更长时间。在这54个适用过境免签政策的国家中，扣除其中已享受免签入境的42个国家，有12个国家的公民可以持普通护照通过该政策免签到访中国大部分旅游目的地。

我国在持续提升签证便利度的同时，还针对入境旅游的堵点，有的放矢地推出入境旅游促进政策和措施。外国游客在华支付、住宿登记等方面的便利度进一步提升。2024年3月，国务院办公厅印发《关于进一步优化支付服务提升支付便利性的意见》，增加布设外币兑换业务网点和外卡刷卡设备，提升入境游客支付便利度。2024年7月，商务部等7个部门联合印发《关于服务高水平对外开放 便利境外人员住宿若干措施的通知》，明确相关方不应以资质要求等为门槛限制住宿业经营者接待境外人员，引导住宿业经营者提升服务能力，在住宿登记、信息咨询、支付便利度等方面采取措施，改善境外人员的住宿体验。

各地方政府也积极响应，落实各部委出台的系列政策和指引。上海将促进入境旅游发展作为市政府的重要工作，提出要建设入境旅游第一站，全面启动入境旅游形象推广行动"Visit Shanghai！"。北京市出台《北京市推动旅游业高质量发展的实施意见》，优化入境旅游服务，打造"中国入境旅游首选地"。北京、海南、安徽等各省市举办入境旅游会议或活动，加深与国际旅行商的联系与合作，为中外旅行商洽谈、战略合作签约、文旅资源推介等活动提供平台，与政产学研各界共商入境旅游发展趋势。此外，多个省市提出要建设世界级旅游目的地，将为入境旅游发展做好底层建构，持续提升入境旅游产品和服务品质。

2. 入境旅游进入快速复苏新通道

入境旅游市场恢复增长的态势更加明显。根据国家移民局的最新数据，2024年前三季度，全国移民管理机构查验中国港澳台居民和外国人出入境总人次恢复到2019年同期的95%。其中，中国港澳台居民的出入境人次已超过2019年同期，同比增长9%。外国人的出入境人次恢复到2019年同期的64%。2024年各季度的数据均高于2023年的各季度，且2024年第三季度已超过2019年同期（图4-5）。

相较于2023年实际上仅有下半年为恢复期，2024年是一整年都是入境旅游市场的恢复期，恢复效果显著。根据中国旅游研究院（文化和旅游部数据中心）的测算，2024年前三季度，我国接待入境游客约9500万人次，恢复到2019年的87%，预计2024年全年，我国将接待入境游客1.29亿人次，恢复到2019年的89%（图4-6）。

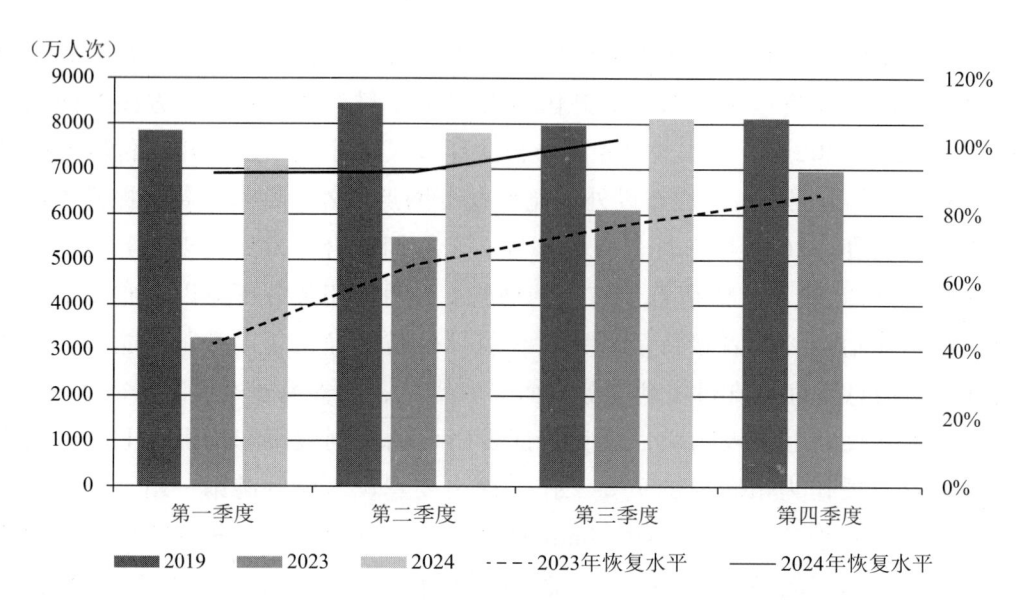

图4-5　2019年、2023年和2024年各季度全国移民管理机构查验中国港澳台居民和外国人出入境总人次及恢复水平

数据来源：国家移民管理局

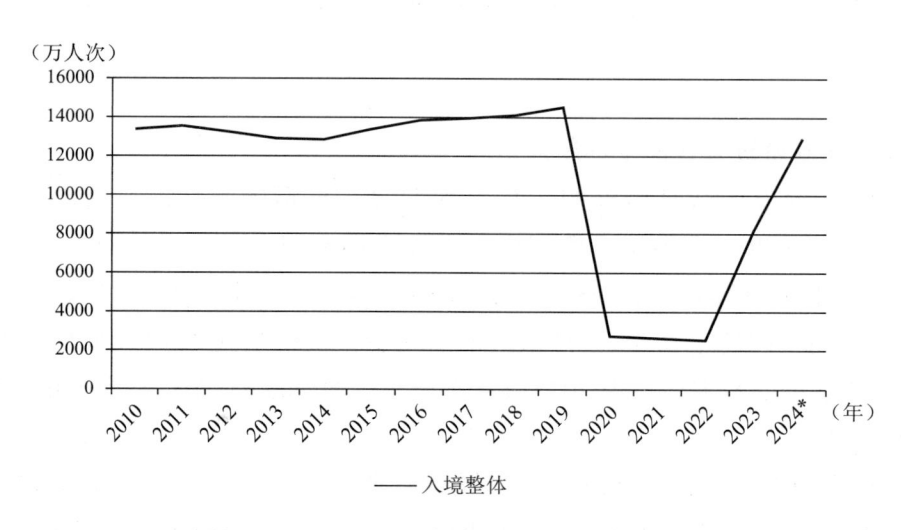

图4-6　2010~2024年我国入境游客接待情况

注：2024年为预测数据

数据来源：中国旅游研究院（文化和旅游部数据中心）

潜在入境旅游需求水平有较大幅度提高。谷歌搜索数据显示，2024年1-10月海外民众对来华航班和住宿的搜索量持续高于上年同期水平。这表明，未来一段时期内，潜在来华旅游需求进一步增加。2024年前10个月，海外民众对来华航班和住宿的月均搜索指数较2023年同期高27%，潜在入境旅游需求水平有显著提高（图4-7）。

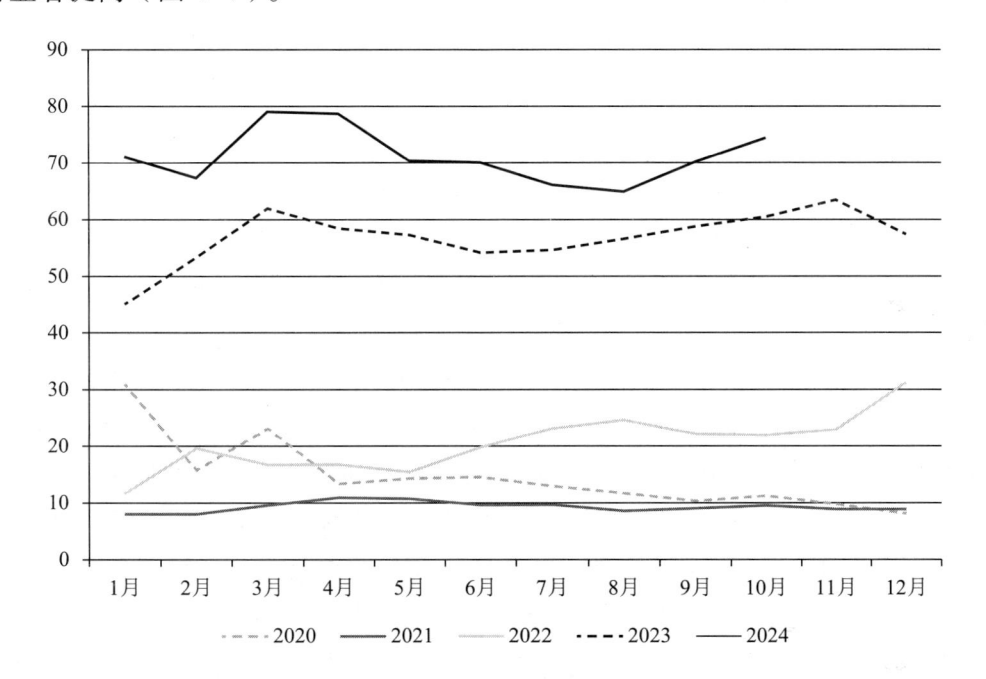

图4-7 2020~2024年（1~10月）海外民众对来华航班和住宿的月均日搜索指数

数据来源：谷歌旅行洞察

伴随入境旅游签证、支付、住宿等便利化政策进一步完善，各旅游目的地持续完善入境游客接待设施，提升服务质量，加上国家和各地积极开展海外营销推广活动，入境旅游在2025年将有更进一步的恢复。预计入境旅游将在2025年全面走出疫情影响，较2019年实现正增长。

3. 入境旅游促进建议

继续提升入境旅游便利化。在签证、支付、住宿登记、票务预订、多语种服务、离境退税等方面继续探索政策制度创新，进一步提高入境游客来华旅行便利度。在签证便利化方面，当前240小时过境免签政策的实际适用国家只有

12个，建议纳入更多出境旅游规模颇有潜力的新兴客源市场，如印度尼西亚、菲律宾、越南等东南亚国家，沙特、科威特等海湾国家，土耳其、伊朗等西亚国家，印度、巴基斯坦、孟加拉国等南亚国家，南非、埃及、尼日利亚、埃塞俄比亚等非洲国家。并降低外国游客理解该政策适用范围的难度，扩大有关此政策的对外信息解读力度，通过动态电子地图的形式来说明可停留的区域。建议面向这些新兴经济体的高收入人群实施3年、5年、10年多次往返签证。

各级旅游目的地要不断创新目的地管理和营销工作。国家、省级（区域）和城市等各级目的地之间要相互协调配合，国家主要在品牌层面开展国家形象宣传，联合省市旅游目的地，尤其是城市旅游目的地和市场主体，推出旅游新线路、新产品，开展具体的推广活动。在宣传内容上，跳出自身旅游资源看目的地宣推，增加可让境外游客更好地了解中国当代生活的内容。此外，借助在海外出圈的"中国风"影视、游戏、网文、视频等，如近期爆火的《黑神话：悟空》，整合营销内容，引导和打造在线热点话题，推出新的旅游体验空间和场景。在宣传渠道上，重视年轻用户普遍使用的主流社交媒体，如Instagram、Tik Tok等，通过这些平台，尽可能最大化信息传递触达率。在销售渠道上，要与各国主要旅行商/OTA建立密切合作关系，通过他们连接目的地高品质的住宿、餐饮、购物、娱乐等供应商，以及提供高品质综合服务的旅行服务商、会议服务商等，更大程度上触达终端旅行消费者。最后，在体制机制方面创新，建议组建由专业人员构成的国家旅游推广机构，各省市根据自己的情况组建旅游目的地管理机构（DMO），提升目的地管理和营销工作的专业化水平。

三、出境旅游进入常态发展新阶段，但总体不及预期

1. 出境旅游环境得到了明显优化

2024年以来，我国经济发展态势依然展现出稳健向好的趋势，国民收入水平持续保持增长态势，经济景气度逐步回升。在这一背景下，居民消费支出、居民人均消费支出以及社会消费品零售总额的增速均呈现出显著的提升，彰显出内需市场的活力与潜力。国民总收入和人均可支配收入的持续增长，使得我国居民出境旅游的现实和潜在需求依然存在，未来我国居民依然有更多可能参

与出境旅游活动。

一年以来，中国先后同新加坡、泰国、哈萨克斯坦、安提瓜和巴布达、格鲁吉亚、所罗门群岛等6个国家签署互免签证协定，目前已与26个国家实现了全面免签。截至目前，中国已同158个国家和地区缔结了涵盖不同护照种类的互免签证协定。与巴西、澳大利亚等国达成了互发十年多次、五年多次签证安排。自2024年12月1日起，深圳市户籍居民和居住证持有人可以申请办理赴香港旅游"一签多行"签注，在1年内可不限次数往来香港地区，每次在香港逗留时间不超过7天。

自2025年1月1日起，珠海市户籍居民可以申请办理赴澳门旅游"一周一行"签注，在1年内的每个自然周可前往澳门一次且仅限一次，每次在澳门逗留时间不超过7天；横琴粤澳深度合作区户籍居民和居住证持有人可以申请办理赴澳门旅游"一签多行"签注，在1年内可不限次数往来澳门地区，每次在澳门逗留时间不超过7天。

出境便利政策的不断推出在一定程度上提升了出境游客的出游期待，刺激了出境旅游需求，助力出境旅游的恢复进程。国家移民管理局数据显示，2024年前三季度，全国移民管理机构累计查验出入境人员1.6亿人次，同比上升30.1%。查验出入境交通运输工具842.9万架（列、艘、辆）次，同比上升31.1%。实现了出入境证件"全国通办""全程网办"。共签发普通护照598.7万本、内地（大陆）居民往来港澳台证件签注2664.9万张（件）次，同比分别上升28.5%和4.7%。

2. 出境旅游呈现出既稳定又有所变化的特征

随着经济社会发展步入常态化发展新阶段，中国人民对世界的好奇心被重新唤醒，出境旅游市场在复苏的进程中，呈现出稳定又有所变化的特征。2024年前三季度，中国出境旅游人数近9500万人次，同比增长52.0%，恢复到2019年的82%。2024年假期，出境旅游人数达到267.7万人次。2024年中国公民出境旅游市场达1.25亿人次，接近2019年水平，但距离原先预期还存在差距。

出境旅游的流向依然呈现出明显的近程市场为主的特性。以东南亚和东北亚等周边区域为代表的"大热带"稳定，周边目的地保持较高热度。2024年7月，民航国际出港航班仍集中在东南亚与东亚区域，两者航班占比76%。欧美的一些目的地的长线出境游还遭受着签证、航班不足和供应链恢复有限等问题的困扰，恢复速度较慢。

自 2023 年 12 月起，"新马泰"相继对中国公民实行免签政策，这给没有出境游经验或出境游经验较少的游客提供了便利。非一线城市的游客出游经验相对较少，倾向于优先考虑免签目的地。二三线及以下城市的游客价格敏感度更高，也更看重旅游产品的性价比。作为免签目的地，因为航班增多，泰国产品的价格显著下降，相比去年平均价格下降了 15%~20%，吸引了更多二、三线城市的游客选择出行。

从客源结构看，二、三线城市的客源越来越重要。在出境旅游头部旅行商众信旅游的订单中，来自二、三线城市的游客占比更高。

小众目的地的热度持续上升。当旅游者到达泰国、日本、马来西亚等传统热门目的地后，会前往这些目的地的二、三线城市或其他目的地。如泰国甲米岛和越南富国岛成为越来越多地游客选择的目的地。

出境旅游更多地呈现出散客出游的特征，自由行在出境旅游中占据更大的比重，与之相伴随的是游客需求呈现出明显的个性化、复合化和碎片化的特征。即便通过旅行社出游，也呈现出更多家庭包团、定制线路等个性化的旅游需求，"小团"越来越多，所占比例越来越大，成为市场的主流。

周边目的地市场备受游客青睐。2024 年上半年，我国（内地）旅行社组织的出境旅游目的地前十位依次是泰国、中国香港、日本、中国澳门、韩国、越南、新加坡、马来西亚、俄罗斯和意大利。与 2023 年同期相比，香港和澳门地区的基础市场地位，以及以东南亚、东亚近程旅游为主的市场格局没有改变，日韩、俄罗斯等传统旅游目的地再次回归大众视野。受地区冲突影响，欧美等远程市场的航空供应链和旅游市场增长恢复不尽如人意。

"一带一路"倡议提出以来，中国与沿线目的地的交流合作日益频繁，也带来了以"一带一路"沿线目的地出境旅游意愿和现实出游的明显增长，停留时间也更长。我国出境游客在周边主要出境旅游目的地的客源结构占比逐渐上升。

3. 出境旅游发展建议

以世界旅游共同体为引领，推动出境旅游发展。积极推动双边旅游、文化、外交、领事、出入境管理、航空、海事、口岸等部门的相互交流及政策创新，努力为多边游客相互往来创造更多便利。系统保障中国公民境外旅行的安全、便利、平等和品质。以人民为中心，更好满足大众对出境旅游特色化、多层次的旅游需求。

以市场规模牵引产业影响力提升，树立国家形象和推进文明互鉴。积极推动与出境旅游目的地的旅行社、OTA、旅游批发零售商等商业机构的交流合作，不断提升服务中国公民出境旅游的服务能力和服务质量。积极开展针对中国公民出境旅游的培训或教育，发挥经营出境旅游业务旅行社的作用。不断提升国民出境旅游文明素质，推动游客自觉遵守出境旅游目的地的法律法规，遵守当地的风俗习惯，以此努力对外展现可亲、可爱、可敬的美好中国形象。

加速推进签证便利化和航班增多优化进程。进一步提高中国护照的含金量，争取与更多目的地签订互免普通护照签证的协议，争取更多有关针对中国公民免签、落地签、电子签、减免签证费等方面的签证待遇，推动 ADS+ 进程。支持并积极推动边境旅游试验区和跨境旅游合作区的建设与发展，形成出境旅游发展的新动力源。

鼓励并支持中国银联信用卡、支付宝或者微信支付等支付方式的"走出去"步伐，引导更多国家的机场等交通枢纽、游览场所、商业机构等能够支持支付宝或者微信支付。

创新完善能够发挥"一带一路"倡议优势的目的地开发和产品供给策略，推介安全性高、满意度高和吸引力高的"一带一路"境外目的地。

支持出境旅游目的地开拓中国出境旅游市场，积极促进中外游客的双向互动。以出境旅游发展为依托推动中国旅游企业的国际化布局。研究与重要出境旅游目的地国家之间开展"游客互换计划"，促进与相关国家或地区游客的规模化双向往来。培育形成以中国出境旅游为主题，具有强大吸引力和号召力的系列国际旅游展会。

第五章
现代旅游业体系建设

一、产业发展总体判断

当前，旅游业发展进入最好的时代，正日益成为新兴的战略性支柱产业和具有显著时代特征的民生产业和幸福产业。2024年，旅游政策利好不断，旅游行业景气度持续走高，让旅游成为最被人们期待的消费市场，目前看旅游业也不负众望，取得了较为可观的成绩。2024年前三季度，国内出游人次42.37亿人次，同比增长15.3%；国内游客出游总花费4.35万亿元，同比增长17.9%。

从旅游上市公司经营数据看，企业经营承压、盈利水平有待增强。30家上市旅游企业中，前三季度六成企业营收同比下降，九成企业实现盈利，但同比近七成企业净利润同比下降。在线旅游平台类企业盈利能力突出，创历史新高。在旅游市场中，市场实际状况与市场主体感受存在一定差异。

旅游市场主体秉持守正创新、提质增效和融合发展的原则，注重运营管理能力和资产管理能力的提升，持续强链补链延链，特别是国有旅游企业，实施融合发展战略，既包括文化和旅游的深度融合，文化和旅游跨界与健康、体育、教育等产业的融合发展，还包括旅游产业与数字技术的融合发展，都取得了显著的进展和良好的绩效。

目前旅游存量资产体量大，亟须盘活或优化存量资产；旅游业的新增投资规模大幅减少，新的增量投资需要创新创意引领，也需要新质生产力的赋能。人工智能正在革新整个旅游产业链，并将重塑整个旅游产业。旅游业的数据资产价值正在凸显，对数据资产价值的挖掘，数据资产的确权和价值评估，将成为未来旅游业的重要方向。

国家坚定实施扩大内需战略，文旅服务消费将为经济增长提供持续动力。预计2025年旅游消费总体将继续呈现平稳增长态势。旅游业正在经历一场深刻的变革，面对不断变化的市场需求，旅游企业要不断调整和优化自身策略，提供契合市场需求的产品。同时，旅游企业要提升创新引领力和核心竞争力，严控负债率和运营成本，提高运营效率和盈利能力，实现可持续发展。

二、旅游景区度假区发展

1. 需求侧的新变化：对景区度假区的选择日常生活化、高度个性化、消费理性化

一是日常生活化。旅游休闲加速融入人们的日常生活，使旅游不再是一件仪式感很强的事情，人们更加关注身边的美丽风景和日常的美好生活。周末和节假日一场说走就走的旅行和随时随地的休闲日益普遍。从郊野到商圈、从戏剧场到菜市场，城乡居民日常生活场景都成了旅游休闲的新空间。人们在旅游的过程中既要领略自然之美，也要领悟文化之美，还要体验生活之美。看展成为很多人周末出游的新选择。

二是高度个性化。从"我的行程我要做主"，到"我的体验我也要做主"，如果过去大家出去旅游是看山看水看风景，那么今天人们更愿意享受风景之上的美好生活。无论是烧烤还是音乐节，都会成为人们到访一座城市和度过一个周末的理由。过去，到哪里旅游或者消费什么项目，更多是由媒体、广告和旅行社来决定的。今天，"95 后"的年轻人甚至连攻略都不做了，传统的高 A 级旅游景区乃至传统的旅游城市，都不再是他们的首选。相反，"四五线的小城镇""无人知晓的景区""看不到人的旷野"正以其独特的魅力吸引着追求个性化的年轻人。

三是消费理性化。近年来，温冷点城市、小机场城市和中心城镇，在反向旅游、平替旅游、特种兵旅游的推动下，逐渐进入大众旅游的视野。越来越多的游客开始追求项目、产品和服务的性价比，节假日的周末往往会避开热门的景区景点，选择去鹤岗、延吉、潍坊、恩施等时间和预算友好的城市，体验性价比高的消费项目。

2. 供给侧的新气象：景区度假区坚持以文塑旅，以旅彰文，不断探索独具特色的文旅融合模式

从文化引领的角度来看，丰富的文化体验不断提升旅游景区度假区的核心吸引力。文化体验的范围非常广泛，不仅包括到访历史建筑、人文古迹，也包括参观博物馆、体验非遗活动、观看表演等，本身就可以成为相对独立的吸引物。随着人民生活水平的提高和出游机会的增多，人们在旅游过程中对文化体验的诉求更加强烈，参与文化体验的形式更加多样。博物馆、历史文化名城古镇和街区、实景演出、音乐会、演唱会已经成为众多旅游目的地的重要吸引物，如《印象·刘三姐》上演20年来共演出8000多场，累计接待观众超过2000万人次。非遗体验方兴未艾，福建泉州蟳埔村以簪花习俗知名，一个小渔村2023年接待游客超过350万人次，节假日单日游客量最高时达到5万人次。

从旅游彰显和创造的视角来看，景区作为文化事业和文化产业发展的重要空间，不断拓展延伸着文化的市场，如文艺院团针对游客推出创新节目、派演员到景区进行表演，美术馆、文化馆针对游客布置特展等。旅游景区度假区已经成为近悦远来、主客共享的美好生活新空间，市民休闲和外来旅游相互交融。旅游是促进民族交往交流交融的重要渠道。每一个民族都有自己独特的生活方式和丰富的文化遗存，通过双向旅游，可以加深不同民族之间的了解和友谊。旅游景区作为旅游业的核心载体，在对外文化交流中发挥着不可替代的作用。过去一年的大小长假里，张家界的山上"长满了韩国人"，韩国国土面积的2/3为山地，韩国人对山的热爱刻进了骨子里，而张家界鬼斧神工的三千奇峰使得"把父母带到张家界旅游"成为韩国人的执念。旅游景区可以让境外人士切身感受到可信、可爱、可敬的中国形象。同样，出境游客在国外景区景点游览时的一言一行，也影响着境外人士对我国的认知。

3. 景区度假区新态势

景区度假区提升夜间经济活力。旅游景区和度假区正在导入更多的夜间休闲项目，博物馆、美术馆、电影院、戏剧场等公共文化空间延长闭馆时间。无论是历史文化街区、商业综合体、夜间市集等重点商业场景，还是街道、广场、公园等主要公共空间，都在有意识地融合文化、科技、时尚和娱乐元素，持续推进夜间场景迭代和产品创新。中国旅游研究院夜间经济专项调研表明，越来越多的景区在夜间开放，开放率由2023年的56.7%增长到2024年的63.1%。近四成的国家级旅游度假区研发推出了节事演出、室内休闲、户外娱乐等夜间产品，如《长恨歌》《如梦秦淮》《乐动敦煌》《海上有青岛》《锦夜·青靛甪直》等标杆项目。超过三分之一的国家一级博物馆暑期开展了夜游活动。夜间旅游的增量投资和创新项目提升了居民和游客的文化体验，丰富了消费场景，也促进了城市管理、公共交通、治安应急和公共卫生等社会管理效能的提升。

主题公园打造城市生活新体验。车程两三小时、为期两三天的"微度假"兴起，让越来越多的旅游者将主题公园作为休闲娱乐的首选，从而满足追求刺激、新奇和个性化的体验诉求。越来越多的人从悦人走向悦己，不仅我的行程我做主，还要我的体验我做主。过去一年来，中国主题公园市场呈现出品质化、多元化与个性化的趋势。根据世界主题乐园协会（TEA）发布的《2023全球主题公园和博物馆报告》，迪士尼以1.42亿人次的游客量稳居榜首，而中国方特集团则以111%增长率，从全球运营商榜单的第五名跃升至第二名。在全球主题公园TOP25的名单中，中国占据7个席位。北京环球度假区作为北京文旅新地标，自开园伊始，便为游客带来极具冲击力的独特体验，创造了一系列首都网红打卡地，城市大道入选文化和旅游部"国家级夜间文化和旅游消费集聚区"。在环球度假区东侧的"城市微度假中心"——张家湾商业娱乐综合体，为城市旅游带来新体验。青岛奇幻海世界是国内新一代沉浸式数字海洋主题亲子乐园，结合青岛海洋资源和文化，以数字技术为海洋文旅赋能，旨在打造科技与文化结合的亲子娱乐新模式，聚焦3~12岁亲子家庭，同时兼顾年轻客群，打造全国"海洋元宇宙"乐园、亲子家庭乐活地、城市微度假地，融合多种业态功能，构建青岛全时全域旅游新业态，填补海洋深度文化体验空白，成为文化科技旅游新地标。

研学热推动景区类研学营地转型升级。在政府和市场的共同作用下，我国已经成为世界研学旅游大国。截至2024年6月，教育部共批准了581家国家级中小学生研学实践教育基地和40家中小学生研学实践教育营地，地方研学基（营）地、实践教育基（营）地的数量也显著增长。各级各类博物馆、美术馆、科技馆等公共文化场馆也面向研学团体开发了相关课程，有组织地接待来自全国各地的研学团队，初步形成了从国家到地方，从科学到自然，从人文到社会，多层次架构、多内容维度的研学基（营）地体系。中国旅游研究院《中国研学旅游发展报告2023~2024》显示，2023年以来，研学旅游市场快速复苏。"市场热，舆论更热"的现象背后，反映出市场需求的旺盛、对优质供给的热切期待，也赋予景区类研学营地转型升级的新动力。如黄山推出23处A级旅游景区在寒假期间对18周岁以下青少年群体免门票活动，展示了国有景区重视青少年教育的社会责任担当，也是传统景区积极探索摆脱门票经济实现多元化营收的一个新方向。景区类研学营地未来将更加注重研学课程的多元化与个性化设计，满足不同年龄段、不同兴趣偏好的学生需求。通过引入地方特色文化、科技创新元素等，打造独具特色的研学产品，提升市场竞争力。

三、旅行服务业发展

经过2023年的市场修复后，2024年旅行服务商迎来了业绩加快修复的一年，同时也是业绩分化的一年。携程、同程、飞猪为代表的在线平台企业的业绩增长明显，众信、中青旅、广之旅等品牌旅行社业绩领跑线下旅行服务商。"一老一小"细分客群展现更强市场活力，旅行服务商针对细分市场的产品开发与服务快速跟进。

1. 平台与线下企业、头部与非头部企业业绩分化更加明显

受益于强劲的旅游需求，2024年第三季度，携程实现营业收入159亿元，同比增长16%。其中，住宿预订营收同比增长22%至68亿元，交通票务营收同比增长5%至57亿元，旅游度假营收同比增长17%至16亿元，商旅管理营收同比增长11%至6.56亿元。同程旅行营业收入为49.9亿元，同比增长51.3%。其中住宿预订营收同比增长22.2%至13.78亿元，交通票务营收同比增长20.6%至20.27亿元，其他营收同比增长23.7%至6.09亿元。从业务板块来看，住宿预订和交通票务均是携程和同程旅行最大的收入来源，为携程贡献近八成营收，为同程旅行贡献近七成营收。另外，在两大OTA主营业务中，交通票务营收都是业务板块中增速最慢的。

第三季度，携程净利润同比增长47.83%至68亿元，同程旅行净利润同比增长55.49%至7.93亿元。2024年前三季度，携程净利润同比增长72.95%至149亿元，2023年全年的净利润为99.18亿元；同程旅行净利润同比增长30.5%至16.24亿元，2023年全年的净利润为15.54亿元。2024年第三季度，携程的毛利率创历史新高，达到82.22%；同程旅行的毛利率虽不及2020~2023年同期超70%的水平，但也达到了63.4%。

相对而言，线下旅行社总量持续扩容，利润摊薄，业绩恢复情况分化，竞争更加激烈。根据文化和旅游部市场管理司发布的《2024年第二季度全国旅行社统计调查报告》显示，截至2024年6月30日，全国旅行社总数为60833家，较2019年接近翻倍。第二季度旅行社国内旅游组织人次排名前十位的地区由高到低依次为浙江、江苏、广东、湖北、湖南、重庆、上海、山东、安徽、四川。在国内旅游方面，2024年第二季度全国旅行社国内旅游组织4810.72万人次、12219.05万人天；接待4609.48万人次、10176.61万人天。国内旅游单项服务1.98亿人次。第二季度旅行社国内旅游接待人次排名前十位的地区由高到低依次为浙江、湖北、江苏、湖南、广东、重庆、云南、陕西、上海、安徽。

从出入境市场来看，2024年第二季度全国旅行社入境旅游外联67.06万人次、253.76万人天；接待189.42万人次、644.16万人天。入境旅游单项服务113.15万人次。第二季度旅行社入境旅游接待人次排名前十位的客源地国家或地区由高到低依次为中国香港、中国台湾、韩国、越南、马来西亚、俄罗斯、泰国、中国澳门、印度尼西亚、新加坡。全国旅行社出境旅游组织304.73万人次、1568.56万人天。出境旅游单项服务107.10万人次。第二季度旅行社出境旅游组织人次排名前十位的目的地国家或地区由高到低依次为泰国、日本、中国香港、韩国、中国澳门、新加坡、越南、俄罗斯、马来西亚、意大利。

传统旅行社业绩亦在分化，头部企业业绩修复更快。在出境游市场深耕多年的众信旅游，通过"实体门店+旅游顾问"的销售矩阵，进一步深化布局定制团、私家团、门店自组团、特色精品小团等产品形式，实现业绩向好发展。以广之旅、中青旅遨游网、康辉旅游、春秋旅游为代表的更多传统旅行社门店也在不断恢复和扩张。其中中青旅2023年财报显示：旅行社业务实现营业收入12.98亿元，同比提高179.62%。

2. 线下渠道仍然重要，细分市场呈现更好的增长态势

以携程、同程为代表的在线旅游平台，以及以众信旅游、中青旅等为代表的老牌传统旅行社，均加快了在线下门店的布局步伐。据不完全统计，携程旗下品牌的线下门店数量已超过6500家，依靠出境游业务起家的众信旅游新开线下门店近500家，全国门店总数量达到近2000家。

"一老一小"成为旅行服务业务的重要目标客群。以学生为代表的研学旅游市场加速发展，根据百炼智能—知了标讯的全国招投标数据，仅以学校为采购主体的数据来看，2024年1~7月研学相关的招投标金额已超2023年同期水平。

浙江、安徽、广东、湖北、四川、福建等省份在采购次数和采购金额总额上位于前列。从中国旅游研究院研学旅游课题组的调研来看，企业端感知到的目标客群的消费能力正在发生变化，有向两端分化的倾向，认为消费能力收缩的偏多，并且认为客群对价格的敏感度正在上升。从业绩恢复情况来看，以C端亲子为主要客群的企业，截至2024年8月的营收恢复情况较2023年呈现出更明显的两极分化。以组团为主、地接兼顾的企业，2024年截至8月的营收恢复情况较2023年有不同程度提升。以地接为主要业务的企业，2024年的营收恢复情况较2023年也开始呈现分化趋势。

银发经济的潜力也被更广泛的旅行服务商所关注。携程针对银发人群的个性化需求，推出专为50岁及以上用户提供专享旅行服务的品牌——携程老友会。正式上线不到半年时间，老友会GMV已达16亿，实名会员近百万，让更多银发人群实现便利出游。同程旅行顺势推出康养研究院，为旅行+康养生态搭建科学体系，助力城市目的地康养旅居产业发展。中青旅抢先发布暑期欧洲旅游新产品，提供多元主题玩法。并根据细分人群推出更具个性化的产品，例如针对中老年客群推出"欧洲历史情怀""全景风光长旅程"等系列产品，让长辈在家门口便能享受便捷的全球旅游服务。针对中老年等核心客群，"众信制造2.0"产品还提供免费接送机、免费取消险等贴心服务，并为游客提供未来3~5年的旅行规划服务，通过细则服务的迭代带动整体产品的优化升级。

四、旅游住宿业发展

1. 行业发展增速放缓，但预期乐观

旅游住宿业发展回升企稳。从服务业商务指数和住宿与餐饮GDP增速走势看，都呈现冲高后略有回落企稳的态势。2024年前三季度国内生产总值同比增长4.8%，其中第三产业增加值同比增长4.7%。分行业来看，2024年前三季度住宿和餐饮业增加值为15846亿元，同比增长6.3%。住宿和餐饮业增速高于GDP增速和第三产业增加值增速，在各子行业中位列第四。

住宿业投资经过多年高速增长后，随着房地产经济进入下行周期，2014年下半年开始住宿业投资也进入低速增长阶段。虽然个别月份增速较高，但总体而言增速低且不时出现负增长。疫情过后，住宿业的投资回升速度较快，但主要为存量资产更新投资，增量资产投资量依然不大。

从住宿企业业绩增长看，增速略显疲软但预期乐观。全国星级饭店和五星级饭店经过三年亏损后，2023年恢复盈利，预计2024年仍能盈利，但盈利水平将会有所下滑。从酒店上市公司绩效看，前三季度10家上市公司营收总体处于增长状态，其中亚朵、君亭和华住增速分别高达46.7%、31.84和14.15%；从利润方面看，除华天酒店和万达酒店发展外，多数企业利润增速下降。

从北京市接待游客住宿人次来看，2024年前三季度重点住宿业接待规模3285.2万人次，接待住宿者5570.4万人天，增速分别为9.5%和5.9%。重点住宿业营业收入336.64亿元，增速为0.6%；从收入构成看，客房收入增速1.2%，餐饮收入下降4.9%；从住宿业等级看，五星级酒店同比下降7.8%。

2. 市场格局呈区域分化、入境回升走势

从50个重点旅游城市星级饭店发展看，2023年相对2019年的绩效来说，多数城市尚未回到2019年的水平，但也有长沙、杭州、厦门等城市，因其丰富的旅游资源，和打造独特的城市特色标签，呈现出兼具休闲旅游氛围的特质，酒店平均房价和出租率都创了新高。从50个城市的经济发展数据看，一线以及新一线省会城市仍然是住宿业重点发展区域，三、四线城市的核心商圈、核心地标以及流量有保障的旅游景区和商务中心则是次重点发展区，未来发展潜力有待进一步挖掘。

随着国家大力推动入境旅游发展，出台多国免签政策，入境旅游快速回暖，酒店的国际游客接待量也快速回升。以北京为例，2024年前三季度北京市重点住宿业接待入境过夜游客130.2万人次和269.3万人天，分别增长88.9%和101.7%。

3. 存量更新成为酒店投资的关注点

多年房地产高速增长，一方面新增大量酒店，另一方面也留下大量可转化为酒店、酒店式公寓以及民宿的物业。当前酒店投资更多是用于存量资产的改造、转型升级方面。我国酒店业竞争开始聚焦于存量市场的争夺，换牌行动正不断上演，迎来高星酒店的密集换牌期。既有同一国际酒店集团内部的品牌变更升级，也有国际酒店集团之间、本土与国际酒店集团品牌之间的换牌。酒店品牌更替大量出现与城市更新以及酒旅消费市场的变化有着分不开的关系，这迫使不少酒店踏上谋求转型之路。酒店换牌的原因很多，特别是在更换国际品牌时，不能仅凭一时的民族主义情绪，长期看必须依托商业逻辑进行决策。

当前大量酒店更新和其他物业改造为酒店的机会存在于城市更新和乡村振兴进程中。不少投资者抓住当下酒店发展窗口期，科学地研究酒店的定位和运营，通过品牌运营、会员发展、销售支持给予全方位的赋能提升，用最小的成本达到最大的优化，让这些项目实现华丽转身焕发新机。对于城市更新中的一些老酒店，每一家酒店都有其独特的历史、文化和地理背景，需要深入挖掘和分析，根据新的市场定位，结合酒店的现状，重新对楼体状况和周边环境进行全面梳理，进行立面改造，通过改变建筑的外观来提升整体形象。比如，采用现代化的玻璃幕墙设计，增加建筑的时尚感和通透感；运用具有地域特色的建筑元素，展现地方文化魅力。通过升级改造，让酒店重新焕发生机，酒店的品牌形象得到重塑，无论是商务旅客还是休闲游客，都能在这里找到满足自己需求的服务和设施，市场竞争力得到提升，实现可持续发展。对于乡村振兴中的旅游住宿产品，除了大量的精品民宿之外，度假农庄也逐渐兴起。携程旅行推出近 30 个高端乡村住宿标杆产品，携程度假农庄，带动当地人均年收入增长超 4 万元，让更多乡村居民创业、就业不离乡。

4. 需求变化引领行业供给变革

目前，年轻人、小孩、女性以及老年人等是消费市场重点关注的群体。特别是年轻群体，已经成为酒店集团推出新品牌时的重要客群，他们针对年轻客群一代的市场策略是"抓住'90后'，稳住'80后'，争取'00后'"。年轻客群以"商务精英、休闲旅客、年轻家庭"的形式出现在酒店中，他们需求多样且个性、挑剔又精明，旅行经验丰富且明确知道自己想要什么；亲近自然的生态旅行、文化体验、城市旅行是他们喜欢的生活方式；在住宿选择上，他们不喜欢循规蹈矩、传统死板的标准商务酒店，更倾向于选择那些能够提供个性化服务、反映个人品位、代表自己生活方式的酒店品牌。

面对住宿业需求的变化，不论是存量项目的更新还是新建酒店项目，供给端必须守正创新，包括住宿业态创新、酒店商业模式创新以及住宿产品和服务的创新。在住宿产品的开发上，有向运动休闲复合型方向发展的趋势。例如，广州黄埔君澜酒店将运动与休闲结合，利用环湖资源开发徒步、骑行、研学等多样化户外活动，引入旱地冰壶、棒球等特色运动项目，打造了集运动、休闲、自然体验为一体的度假住宿产品。另一个趋势是商务住宿产品向智能化、健康化和个性化方向发展。在商务住宿和睡眠体验创新方面，各大品牌展现出独特的创新思路。丽怡酒店通过"x-spaces"智能空间和"怡商旅"特色服务，实现了住宿空间的灵活转换和个性化服务的升级。亚朵酒店从深睡体验、养生早餐和私密商务空间三个维度进行创新，打造高品质的睡眠环境，提供健康饮食选择，并满足商务客人的办公需求。华住酒店集团在寻找和识别一些有价值的新赛道，包括野奢露营、交通枢纽酒店、会议会展酒店，以及长短租混搭等，发布了野奢版度假村产品花间营。

降本增效与品质升级成为实现酒店高效运营与可持续发展的重要途径。通过优化资源配置、引入创新技术、强化精细化管理，酒店不仅能够在成本控制上取得突破，还可以通过全面提升服务质量赢得更多的市场份额。数字化不再是奢侈品，而是所有行业的必需品。对于酒店行业来讲，数字化不仅是预订平台+PMS，而是流量端，客户体验端以及运营管理端全链路全覆盖。这正在改变着酒店管理公司与门店和业主以及与宾客间的交互方式。智能酒店的兴起正在彻底改变传统的酒店服务模式，成为现代酒店业提升客户体验和运营效率的核心策略。产品设计创新上，国内一些高端品牌开始采用包括 BIM 在内的技术手段，打造 in-house 的数字化项目管理和营建能力。

5. 国际化拓展持续推进

国际品牌在中国增速未减，本地化加速。国际酒店仍对中国市场保持乐观态度，持续加大布局力度。例如希尔顿集团，在中国已经连续 5 年年均新增酒店数量达到 100 家，2024 年布局速度更进一步，截至 8 月新开酒店已达到 100 家。坚持本土化多品牌发展战略，引入新品牌。洲际酒店集团坚持"在中国，为中国"，2024 年正式在中国市场引入第 13 个酒店品牌"筑格酒店（Atwell Suites）"。该品牌以"属地新家"为核心设计理念，面向"热爱生活的体验家"，特别是年轻的、追求高品质但同时注重性价比的客群；旨在成为年轻人"住得起、住得好"的精致选择。在组织架构方面，洲际是第一家让大中华区板块独立的国际酒店集团，并且为此较早设立"洲际酒店集团大中华区首席发展官"这样的高管职位。

国际品牌越来越注重根据中国市场的特点进行本土化调整。例如，酒店设计融入中国文化元素，推出符合中国消费者口味的餐饮选择，并调整服务流程以适应本地需求。万豪集团旗下的年轻潮牌Moxy瞄准Z世代目标客户的核心需求。国际酒店品牌在市场布局上进一步下沉，一些三、四线城市开始有更多项目落地。洲际酒店集团全球首个体验型空间——洲际设计创新空间（IHG Design & Innovation Lab）落地上海。作为洲际酒店集团的全新创新实践，洲际设计创新空间集产品展示、互动体验和创新研发于一体，集中展现旗下品牌酒店的最新客房设计、科技和工艺，推动集团创新实践落地。把全球首个体验空间落子中国，这一举动意味着洲际酒店集团从"In China for China"到"In China for the world"的战略布局，是"本土化"战略的一次升级。

与此同时，为进一步拓展中国中高端酒店市场，国际酒店集团近年来注重与本土酒店集团的合作。希尔顿集团与君亭酒店集团签署战略合作意向书，共同开拓高端酒店市场，在高速发展的中国市场上寻求更多机遇。凯悦酒店集团与华润置地有限公司携手打造合资公司，共同开发和管理高端酒店品牌木棉花酒店。

随着更多国人出境和更多国外旅客入境，中国出入境旅游市场将继续扩容，可以最大限度地提升国内品牌知名度，也为国内酒店品牌在国外落地提供了可能。高频次出国游客认为"肯定还是会优先考虑国内酒店品牌，感觉更有熟悉感，也更安心放心"。除外部环境的优势，酒店品牌自身实力的不断提升、酒店科技的进一步应用、供应链体系建设与成本控制、国际化经验的积累、市场口碑的建设等，都为本土酒店品牌在国际市场上的拓展提供了有力的支持与坚实的基础。中旅酒店在英国、锦江酒店集团在法国和美国、华住酒店集团在德国、华天酒店集团在法国、明宇商旅在乌兹别克斯坦等都有投资或托管酒店。截至目前，同程旅行旗下艺龙酒店科技平台上的艺龙酒店、爱电竞酒店、莫林酒店以及ELE HOTEL等品牌，已成功覆盖日本、马来西亚、印度尼西亚等多个国家。除了服务中国人的出境旅游需求，2024年上半年，同程旅行还推出了国际旅游预订平台HopeGoo，为国际旅行者提供一站式旅游服务。

第六章

推进中国式现代化旅游公共服务与治理体系

2024年5月17日，中央在京召开全国旅游发展大会，习近平总书记对旅游工作作出重要指示，为旅游业发展创造了最大政策机遇。各地区各部门深入学习贯彻习近平总书记重要指示精神，积极出台了一批促进旅游业高质量发展的政策文件和措施，文旅融合发展、旅游消费促进等政策效应持续释放。旅游行政治理体系不断完善，在组织推动、智慧治理、市场监管、宣传推广、消费和产业促进等方面持续发力，不断开创旅游业发展新局面。

一、旅游政策：从快速复苏到繁荣发展

1. 2024年旅游政策动态

习近平总书记关于旅游工作重要指示为旅游业发展创造了最大政策机遇。习近平总书记强调，要以新时代中国特色社会主义思想为指导，完整准确全面贯彻新发展理念，坚持守正创新、提质增效、融合发展，统筹政府与市场、供给与需求、保护与开发、国内与国际、发展与安全，着力完善现代旅游业体系，加快建设旅游强国，让旅游业更好地服务美好生活、促进经济发展、构筑精神家园、展示中国形象、增进文明互鉴。习近平总书记关于旅游工作的重要指示具有很强的政治性、思想性、指导性、针对性，为做好新时期旅游工作指明了方向，也为新时期旅游政策创新提供了根本遵循。各地区各部门深入学习贯彻习近平总书记重要指示精神，积极出台了一批促进旅游业高质量发展的政策文件和措施。

从发布主体来看，多部门联合出台涉旅政策占比较高。随着旅游业与其他行业领域加速融合，新产品、新场景、新业态、新商业模式不断涌现，旅游主管部门积极与发改、金融、数据等部门协作，联合出台涉旅政策，加强综合引领。

第六章　推进中国式现代化旅游公共服务与治理体系
Chapter 6　Promoting the modern Chinese tourism public service and governance system

表 6-1　2024 年多部门联合出台的涉旅政策

序号	成文日期	发文机关	政策名称
1	2024.01.18	工业和信息化部、教育部、科技部、交通运输部、文化和旅游部、国务院国资委、中国科学院	《关于推动未来产业创新发展的实施意见》
2	2024.03.19	体育总局、商务部、文化和旅游部	《关于开展"体育赛事进景区、进街区、进商圈"活动的通知》
3	2024.04.01	中国人民银行、文化和旅游部、国家外汇管理局、国家文物局	《关于进一步优化重点文旅场所支付服务提升支付便利性的通知》
4	2024.05.06	文化和旅游部、中央网信办、国家发展改革委、工业和信息化部、国家数据局	《智慧旅游创新发展行动计划》
5	2024.05.21	国家发展改革委、住房城乡建设部、文化和旅游部、国家电影局、广电总局、国家文物局	《推动文化和旅游领域设备更新实施方案》
6	2024.06.19	文化和旅游部、国家发展改革委、财政部、自然资源部、住房城乡建设部、交通运输部、农业农村部、应急管理部、国家消防救援局	《关于推进旅游公共服务高质量发展的指导意见》
7	2024.06.13	国家发展改革委、农业农村部、商务部、文化和旅游部、市场监管总局	《关于打造消费新场景培育消费新增长点的措施》
8	2024.07.01	商务部、中央网信办、公安部、文化和旅游部、中国人民银行、国家移民局、国家外汇局	《关于服务高水平对外开放便利境外人员住宿若干措施的通知》
9	2024.07.17	工业和信息化部、人力资源和社会保障部、文化和旅游部	《关于推动工艺美术行业传承创新发展的指导意见》
10	2024.08.01	国家卫健委等	《关于推进健康乡村建设的指导意见》
11	2024.10.31	民政部、文化和旅游部等 24 部门	《关于进一步促进养老服务消费 提升老年人生活品质的若干措施》

从政策内容来看，科技创新、服务质量提升和入境领域发展是政策关注的重点领域。2024 年 1 月 1 日至 11 月 28 日，国务院、文化和旅游部及相关部委共发布了 67 个与旅游发展密切相关的政策文件。政策内容涉及服务、科技、创新、消费等多个方面（图 6-1），关注重点包括推动旅游科技创新、提升旅游服务质量、释放旅游消费潜力、促进入境领域发展等。科技创新方面，文化和旅游部协同相关部委先后出台《智慧旅游创新发展行动计划》《关于推动未来产业创新发展的实施意见》《关于加快生活服务数字化赋能的指导意见》《元宇宙产

业创新发展三年行动计划（2023~2025年）》等多项政策文件，以政策组合拳推动科技赋能旅游发展，全方位助力旅游业现代化体系建设。入境旅游方面，国务院办公厅、文化和旅游部以及相关部门相继印发《关于进一步优化支付服务提升支付便利性的意见》《关于进一步优化重点文旅场所支付服务提升支付便利性的通知》《关于服务高水平对外开放便利境外人员住宿若干措施的通知》，持续提升入境旅游服务便利化水平，外交部门也持续扩大免签国家范围并同步优化入境政策。

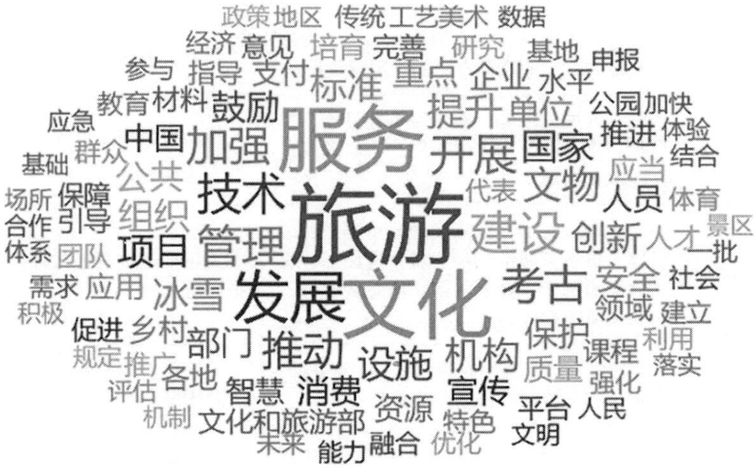

图6-1 2024年旅游相关政策高频词云图

从政策实施来看，文旅融合发展、旅游消费促进等政策效应持续释放。文化和旅游呈现加速融合的特征，催生了一系列新产品、新场景、新业态、新商业模式。沉浸式演艺、沉浸式夜游、沉浸式展览展示、沉浸式文化街区等文旅融合项目不断涌现，给游客带来了新体验，形成了旅游市场新的增长点。2024年国庆假日期间，纳入监测的国家级夜间文化和旅游消费集聚区夜间客流量达9686.23万人次，按可比口径每夜较2023年增长25.4%。

从地方旅游政策来看，争创国际性和世界级旅游品牌成为重要抓手。安徽、湖南、云南、贵州、广西等多个省区已经制发了建设世界级旅游目的地的文件，多地积极采取一系列措施，加速推进建设"世界级"旅游品牌的进程。2024年10月，北京市出台《北京市推动旅游业高质量发展的实施意见》，明确提出把北京建设成为旅游强国建设先行区、国际一流旅游城市和全球旅游目的地。《广西实施"景区焕新"工程行动方案（2024~2026）》提出，推动桂林漓江景区、崇左德天跨国瀑布、北海涠洲岛、柳州三江程阳八寨、南宁青秀山等打造世界级旅游景区，推动桂林阳朔遇龙河、北海银滩、崇左大新明仕田园等打造世界级旅游度假区。

2. 2025年旅游政策展望

进一步贯彻落实习近平总书记关于旅游工作重要指示。统筹好战略、规划、政策、法规，形成长中短期结合、环环相扣的制度体系，着力完善现代旅游业体系，加快旅游强国建设，让旅游业更好地服务美好生活、促进经济发展、构筑精神家园、展示中国形象、增进文明互鉴。对接国际先进水平，推进世界级旅游景区度假区、国家级旅游休闲城市和街区、世界级旅游城市、国际旅游目的地、世界一流旅游企业等建设，提升旅游业整体发展水平。

全面启动"十五五"旅游业发展规划编制，确保"十五五"旅游业发展开好局、起好步。当前，文化和旅游部、各地文旅部门已经启动"十五五"旅游规划课题征集及前期研究等工作，多地已排出"十五五"旅游规划编制工作时间表，2025年将进入"十五五"旅游规划集中起草阶段。

健全文化和旅游深度融合体制机制，巩固和提升文化和旅游融合发展成果。加强顶层设计、系统规划、资源统筹、政策保障，促进理念、机制、业态、模式等方面创新，推动文化和旅游更广范围、更深层次、更高水平的融合。坚持以文塑旅、以旅彰文，找准契合处、连接点，以文化提升旅游的内涵品质，以旅游促进文化的传播消费，推出新产品、拓展新服务、培育新业态、形成新动能。

进一步释放旅游消费，为扩内需、促消费作出旅游行业新贡献。优化假日制度安排，完善预约制度，延长景区和文博场馆开放时间，降低公益性景区门票价格，进一步释放国内旅游消费潜力。及时回应人民群众对旅游业的新要求、新期待，如加强景区内交通运输服务价格管理、扩大旅游公共服务覆盖面、推进无障碍环境建设、保障特殊群体出游权益等。打好包括签证、购物免退税、航权开放、产品创新、专业推广等在内的组合拳，继续推动入境旅游振兴。

探索旅游和科技融合发展体制机制，强化旅游新质生产力发展的制度保障。适应信息技术迅猛发展形势，积极应用大数据、云计算、人工智能等新技术提高旅游治理水平，推动以智能交互、沉浸体验等为特征的新型业态发展，推进文化和旅游与科技深度融合发展。

二、旅游行政治理：守正创新开拓新局面

1. 2024年旅游行政治理进展

旅游发展大会引领旅游业高质量发展。2024年5月17日全国旅游发展大会在京召开，这是党中央首次以旅游发展为主题召开的重要会议。习近平总书记对旅游工作作出重要指示，为加快旅游强国建设、推动旅游业高质量发展行稳致远指明了方向和路径。北京市、湖南省、海南省、吉林省、广东省、河南省、青海省、四川省、新疆维吾尔自治区、内蒙古自治区、广西壮族自治区等10多个省区市纷纷召开了高规格的省级旅游发展大会，从党委、政府层面大力推动地方旅游业高质量发展。全国稳步构建起文化和旅游部门主抓、各部门分工协作、央地分级推进、社会广泛参与的旅游工作新格局，为旅游业高质量发展提供了强有力的组织保障。

以数字化为核心的旅游智慧治理加速推进。文化和旅游部以旅游科技创新项目、创新中心、创新行动计划、智慧旅游空间培育以及典型案例为抓手，积极推进文旅产业数字化。2024年度国家文化和旅游科技创新研发项目立项20项，发布首批11家文化和旅游部技术创新中心名单、10家2024年度文化和旅游部重点实验室资助项目立项名单、第一批42家全国智慧旅游沉浸式体验新空间培育试点项目名单相继发布，开展智慧旅游创新发展行动计划以及2024年文化和旅游数字化创新示范案例、2024年智慧旅游适老化典型案例征集，建设一批文旅科技创新平台，推动5G、AR/VR、人工智能等科技成果在文旅行业转化应用，打造更多智慧旅游、沉浸式体验等数字化体验的新场景。数据平台从看见到预见，上海、杭州、苏州、重庆等地完善"一机游"综合服务，加强了分析决策、指挥调度、公共服务等模块。智慧监测范围从景区扩展到全域，如苏州市文旅局、中国旅游研究院和中国电信依托科技创新2030新一代人工智能项目，推出"AI避高峰系统"。数据资源从管理延伸到服务，如陕西省推出数字化消费产品、杭州西湖景区以数智赋能风险隐患全闭环管控，探索出一套共建共治共享的开放式景区管理模式。监管对象从线下覆盖到线上，浙江、海南等

地市场监管部门构建起内部职能机构协调配合、业务条线上下联动、区域之间相互协作的网络交易市场监管格局。资源保护从实体保护到创新性转化，通过数字化记录与建模、智能监测与分析、虚拟现实与增强现实等方式更好地实现资源的创新性转化。

旅游法治和市场监管更加关注产业发展及民生需求。旅游法治和标准体系建设呼应产业发展趋势，市场监管更加贴近民生。《文物保护法》于2024年11月第二次修订，增加了挖掘价值、有效利用、让文物活起来的要求，有利于推进文化和旅游深度融合发展。新修订的《旅游饭店星级的划分与评定》《旅游景区质量等级划分》及时回应了产业诉求，符合旅游业发展趋势，有助于更好地提升旅游企业发展质量。文化和旅游部会同公安部门加强演出市场治理，实行大型演出活动实名购票、实名入场，将大型演出活动对外公开销售门票比例由原来的70%提高到85%，同时严查倒卖炒作票证信息等违法行为。持续开展"不合理低价游、无证从事旅行社业务"等专项整治，公开通报典型案例，震慑违法违规行为。持续推动旅游信用体系建设，开展旅游市场服务质量评价体系建设试点，指导督促各地加强失信主体认定，把失信企业和个人纳入重点监管名单。

旅游宣传推广主题特色更加鲜明。国际旅游宣传推广在全球影响力持续扩大。在巴黎举行"你好！中国"旅游推介会，2024年"欢乐春节"活动在全球110余个国家和地区举办近500场形式多样、内容丰富的展演项目，并在近20个国家举办"全球彩灯点亮活动"，受众近4000万人次。2024中国—赞比亚文化和旅游年、2024中国—坦桑尼亚旅游文化年、中法文化旅游年等活动相继开幕，在全球联动举办"茶和天下·雅集"等活动，推动相关中国文化产品走向世界。国内以大型活动、赛事、演艺等为载体的宣传推广更加有力。2024年"神州春色"全国春季旅游宣传推广活动、"山河秋韵"2024年全国秋季旅游宣传推广活动相继举办，"跟着文博去旅行""跟着美食去旅行""跟着课本去旅行""跟着影视去旅行""跟着演艺去旅行""跟着赛事去旅行"成为时尚，成为旅游宣传推广的重要利器。

旅游消费和产业促进持续加强。节假日制度持续优化，旅游消费的基础更加稳固。2024年的春节迎来9天的"超级黄金周"，并且假日安排未再出现节前节后连续上班7天的情况。2024年11月，《国务院关于修改〈全国年节及纪念日放假办法〉的决定》出台，决定从2025年开始，增加春节、劳动节共两天假期，并且规定"法定节假日假期前后连续工作一般不超过6天"。旅游促消费活动不断扩大时间和空间的覆盖面。2024年全国文化和旅游消费促进活动、2024年度"百城百区"文化和旅游消费行动计划相继启动，各地围绕"五一"文化和旅游消费周、暑期文化和旅游消费季、国庆文化和旅游消费月、春节文化和旅游消费月以及专题消费促进活动等开展了丰富多彩的促消费活动。旅游产业促进更加有力。2024年评定了21家国家5A级旅游景区，22家国家级旅游度假区，7家第三批国家级滑雪旅游度假地，同时启动了世界级旅游景区和度假区创建工作，新增7个世界最佳旅游乡村。各地依托旅游消费热点，加强市场引导。从年初的"尔滨"冰雪旅游热、"天水麻辣烫"走红到泉州"簪花"、开封"王婆说媒"持续火爆、《我的阿勒泰》带火新疆游、怀化的理发店带火美食一条街，在新媒体引爆文旅热点的同时，地方政府及时跟进，通过丰富优质旅游供给、创新旅游业态、完善旅游公共服务、加大市场宣传推广等方式，积极引导旅游消费方向，将旅游"流量"向有效的"留量"转化。

2. 2025年旅游行政治理建议

统筹政府与市场，提升旅游领域依法行政的能力和监管水平。贯彻落实《旅游法》及旅游相关的法律法规，提升各级政府以及文化和旅游行政主管部门的依法行政能力、依法监管能力。加强旅游市场综合治理，在全国范围内持续推动游客满意度评价工作，完善满意度评价体系，更好地提升旅游服务质量。健全文化和旅游综合执法机制，完善旅游投诉即办机制，加强对旅游市场秩序的规范和治理。加强旅游信用体系建设，持续推动文化和旅游市场信用经济发展试点工作，鼓励城市开展"诚信旅游联盟""先游后付"旅游信用模式，打造信用旅游品牌，推广信用消费使用。加强文化和旅游市场监管平台整合，更好地服务于文化和旅游深度融合发展的市场监管要求。持续推动文明旅游，创建一批国家级文明旅游示范单位，打造文明和诚信旅游环境。加强旅游大数据平台建设，推动文化和旅游与交通、商务、市场监管、工信、海关、移民等相关部门的涉旅数据共享，更好地促进旅游大数据的应用。发挥人工智能、大数据的作用，健全国家、省、市、县多级数字旅游平台，强化政务服务、市场监管、智慧旅游以及宣传推广功能，创新"互联网+监管"等先进执法手段，更好地促进旅游市场的健康发展，全面提高"依法治旅""依规治旅"水平。

统筹供给与需求，提升对旅游业发展的引导能力。总结各地旅游发展大会的经验和模式，创新组织推动旅游工作的方式，科学指导地方旅游工作，有效指导旅游行业发展。以世界级旅游景区和度假区建设、国家旅游线路开发、世界一流旅游企业培育、国家级旅游休闲城市和街区创建等新型工作为抓手，推进世界级旅游目的地建设，推进旅游服务品牌建设和产业整体发展水平提高。综合运用旅游规划、旅游重大项目建设、旅游产业基金、优秀旅游案例评选、优选旅游项目投融资支持、重要旅游信息发布等手段，积极引导旅游业的发展方向。

统筹保护与开发，将融合发展作为文化和旅游领域法治建设的指导思想和重要方向。积极推动《旅游法》以及《公共文化服务保障法》《非物质文化遗产法》等文化领域的法律法规修订工作，将融合发展贯穿修订的全过程，更好地服务人民美好生活，保障人民旅游权利，积极利用、善于利用文化资源，构建现代旅游业体系，建设旅游强国，推动文化和旅游融合高质量发展行稳致远。同时，协调推进国土和自然资源等相关领域的法律法规对旅游发展目标的兼容。

统筹国内与国际，完善促进宣传推广和扩大旅游消费的机制建设。围绕国际国内游客的消费需求和消费趋势，积极扩大"你好！中国"入境旅游推广，"中国文化年"、文化和旅游年、"文化丝路"计划、"欢乐春节"等国际旅游宣传推广的影响力，完善旅游宣传推广机制，优化"跟着文博去旅行""跟着美食去旅行""跟着赛事去旅行"宣传推广模式，让游客、旅游服务商、社会机构、新媒体等各方面力量共同参与旅游目的地宣传推广。加强促进旅游消费的机制建设，积极扩大优质旅游消费供给，持续创建国家文旅品牌，提升夜间旅游消费品质，开展四季文旅主题消费促进活动，提升消费支付、住宿、交通等便利性，打造主客共享的旅游消费新空间。

统筹发展与安全，守住高质量发展底线。旅游发展离不开安全，安全是检验旅游高质量发展的重要标准。健全旅游公共安全机制，开展平安旅游工程，加强旅游安全生产监管，健全旅游突发事件应对机制，加强旅游公共场所的应急救援力量，探索开发旅游突发公共事故责任保险，加强旅游景区、旅游度假区、旅游休闲街区与医院的应急救援联动，提高旅游安全应急管理能力。守住生态安全底线，推动绿色旅游发展，开发多样化的绿色旅游产品，推动绿色住宿和旅游基础设施建设、创新绿色旅游服务体验、提高游客绿色旅游参与意识，筑牢生态安全屏障。守住意识形态安全底线，把意识形态安全贯穿于旅游业发展全过程，坚持以社会主义核心价值观引领旅游发展。

三、推进旅游公共服务提质升级

2024年以来，从推进旅游公共服务为民，到实施旅游公共服务带动；从推动文旅公共服务融合，到共建美好生活与精神家园，公共文化与旅游公共服务深度融合发展，不断发挥为民、便民、惠民、乐民的积极作用。今后，旅游公共服务工作的重点任务是继续贯彻落实习近平总书记对旅游工作作出的重要指示和全国旅游发展大会精神，把铸牢主线全面贯彻落实到旅游公共服务与公共文化服务深度融合实践的全过程各方面，既解决"有没有"的问题，也关心"好不好、满意不满意"的问题，进一步聚焦满足游客的核心诉求。

1. 加强顶层设计与政策保障

2024年以来，通过完善顶层设计，强化系统谋划和科学布局，推动旅游公共服务高质量发展行稳致远。2024年5月17日，中央在京召开全国旅游发展大会，习近平总书记对旅游工作作出重要指示。全国旅游发展大会是党中央首次以旅游发展为主题召开的重要会议，体现党中央立足党和国家事业发展全局，着眼于更好满足人民美好生活需要，以旅游助力经济社会高质量发展、中国式现代化建设的战略考量。会议围绕贯彻落实习近平总书记关于旅游工作的重要指示精神，提出做好新时代旅游工作的总体思路和重点任务，对完善现代旅游业体系、推动旅游业高质量发展、加快建设旅游强国作出全面部署，包括对旅游公共服务工作的专门部署。

从2012年《关于进一步做好旅游公共服务工作的意见》，到2024年《关于推进旅游公共服务高质量发展的指导意见》，持续推动旅游公共服务实践创新和相关工作落细落实落地。为贯彻落实习近平总书记重要指示和全国旅游发展大会精神，在前期课题研究、走访调研、征求有关部门、地方文化和旅游部门及各方专家的意见的基础上，文化和旅游部会同有关部门正式发布《关于推进旅游公共服务高质量发展的指导意见》（以下简称《指导意见》），系统阐述了旅游业高质量发展对公共服务的总体要求、主要任务和组织保障，7月2日，文化和旅游部在江苏常州召开全国旅游公共服务工作推进会，对贯彻《指导意见》进行全面部署，推动《指导意见》落实落地。全国文化和旅游系统学习贯彻习近平总书记关于旅游工作重要指示精神和全国旅游发展大会精神，总结经验、分析形势、明确任务。

结合中央相关部署，地方制定并出台相关政策，为旅游公共服务建设提供指导。《山东省旅游服务质量提升行动实施方案（2024—2026年）》提出，山东2024年继续构建"外部交通快捷，内部交通顺畅，慢行交通丰富"的快进慢游旅游交通体系，打通干线公路与景区连接线，完善直达公交、绿道、骑行道等微循环设施，增强旅游交通服务功能。陕西省人民政府办公厅印发《关于加快文旅产业发展若干措施》，推出五个方面26条具体措施，从加快智慧文旅发展、完善旅游交通设施配套服务、规范市场秩序等方面为文旅公共服务补短板。湖北省文化和旅游厅印发《关于发挥文化引领旅游引擎作用 助力中国式现代化湖北实践加快建成中部地区崛起重要战略支点的工作方案》，提出文旅十大主要任务，包括提升城乡旅游公共服务水平、加强智慧化基础设施建设等工作。

针对文旅公共服务人才培养、标准建设、经费保障等精准施策。中共浙江省委宣传部、中共浙江省委人才工作领导小组办公室等部门联合印发《浙江省新时代文化和旅游人才队伍建设行动计划（2024~2026年）》，提出实施八类重点人才项目，包括推进公共服务、文博行业等领域人才培育。安徽省文化和旅游厅发布《关于申报2024年度安徽省文化和旅游地方标准计划项目的通知》，明确五个申报重点，包括提升文化和旅游公共服务和推进文化和旅游数字化、智慧化方面的标准。甘肃省财政厅会同省文化和旅游厅实施"文旅融合发展竞争性项目"，对全省文化旅游领域的标志性、带动性重点项目提供资金保障，创新设立"八个一"文化亮点和文旅融合发展专项资金。福建省福州市文化和旅游局、市财政局联合印发《福州市促进文旅产业高质量发展的扶持措施（2024~2026年）》提出，加强旅游基础设施建设，支持旅游集散服务中心提升工程，按照建设等级予以资金补助，对景区直通车、旅游观光巴士、城区内河、闽江游船也给予补助。

2. 探索公共文化和旅游公共服务网络融合发展体系

2024年以来，通过拓展主客共享的文旅公共服务边界，统筹好有效市场和有为政府，文旅公共服务持续推进更广范围、更深层次、更高水平的融合，持续探索美好生活与精神家园建设的连接点。一方面，人民群众对美好生活的向往内涵更加丰富、要求更高，文化和旅游日益成为高品质生活的重要内容。另一方面，面对着国内多元文化思潮、世界多元文明现实，持续推进国家发展、民族复兴需要物质文明与精神力量的共同支撑。文旅公共服务融合，正是在上述实践探索中形成，并以文旅新空间建设为切入点，逐步建设功能齐全、覆盖城乡的公共文化和旅游公共服务网络融合发展体系，推动文化和旅游融入乡村振兴、城市发展。

随着越来越多的公共文旅新空间被"打开"，人们对当地的了解在不断加深，乡村文化、城市人文的感染力和传播力也在增强。公共文旅空间承载地方文化，展示地区民众的美好生活。在城市，互搭互嵌，探索文旅公共服务资源整合，推动共建共享与提质增效。在甘肃兰州新区，当地结合长城国家文化公园建设、"一刻钟便民生活圈"建设、"省级旅游休闲街区"建设等重点项目和重点片区建设，在文曲湖旅游休闲街区、甘肃省体育馆、居民小区等公共区域，嵌入式建设了长城文化公园、城市书屋、戏曲中心、社区融媒体中心，打造具有长城文化和民俗文化特色的文化展示体验和传播空间。在河南商丘市，当地将新型公共文化空间融入景点景区，先后打造商丘古城文昌阁、容湖千树园城市书房、任庄景区庄子书屋、夏邑图书馆龙港湾景区分馆、恒山湖湿地公园文化游客等一批特色文化空间。在广西桂林，当地探索"图书馆+"模式，将桂林山水文化与阅读空间相结合。桂林图书馆通过与民宿、景区等合作，将阅读资源嵌入景区，构建桂林市多样化、多场景、多空间的公共阅读服务体系。

在乡村，以游客和当地居民为服务对象，盘活乡村文旅资源，推动乡村传统空间重塑升级，为乡村振兴赋能。在广东佛山，市图书馆与位于逢简水乡、紫南村等旅游景区和乡村民宿合作共建"民宿图书馆"，融合住宿游憩、图书借阅、非遗展示等多元服务业态，丰富乡村地区公共文化服务和文旅产品供给。南京市江宁区在全区农村地区升级打造了130公里的乡村文化风景道和400公里的乡村林荫大道，串联起310多个多功能文化驿站；对老学校、旧祠堂、废弃工厂等进行保护性改造，建成50多家村文化室，发展文化延伸点40多户，建成207家基层综合性文化服务中心。文旅公共服务融合发展，不仅丰盈了村落居民的文化生活，也激活了乡村振兴的新动能。平谷区位于北京东部，地处京津冀三省市交会处。当地以民俗旅游为依托，在全区重点民俗旅游村建立"百家书苑"163家、民宿合作共建图书室6家，不仅提升了平谷区民俗旅游的文化品质，还带动了旅游经济的发展。平谷区还充分融合阅读与旅游，不断打造百姓身边的图书馆。截至目前，已成功携手辖区内3家旅游景区与2个休闲度假村，共建特色图书馆（室），既充实了游客的旅途文化体验，也丰富了旅游景区的文化内涵。

多元主体的涌入扩大了文旅公共服务供给，满足人们多层次、多样化、多元化需求。在探索文旅公共服务多向融合、交互渗透的有效路径的过程中，博物馆从过去更多地服务于本地居民，扩展到服务外地游客，已经成为文旅公共服务融合的新主场。在浙江舟山，通过联合市人才办、社科联和乡镇、社区等方面的文化机构、公益组织及社会力量，当地选择舟山博物馆"翁山雅集"品牌，集结"港湾计划""舟山人文社科大讲堂""东海讲坛"等优势品牌，形成"1+N"系列联动活动。除了舟山博物馆这个固定活动场所外，还充分调动乡村博物馆、文化礼堂、城市书房、社区书店、新时代文明实践所、人才之家等。在海南，当地鼓励博物馆、企业及个人参与开发博物馆旅游特色产品，参与全国文创大赛和文化创意产品评优等活动，参与开发文化创意产品和产业升级，丰富研、学、旅相结合的文博旅游特色项目，形成海南特色体系。作为响应"一带一路"倡议建设的综合性博物馆，中国（海南）南海博物馆围绕特色讲好中国故事，全方位、多角度展示了南海人文历史、自然生态、水下文化遗产保护及海上丝绸之路发展历史，既有理论的高度，也有情感的温度，在挖掘文化价值，发挥文化教育人民、服务社会作用的同时，推动构建中华文明标识。

探索推进文旅志愿服务供需有效对接。部委层面，2024年"边疆万里文化长廊"暨"春雨工程"云南行边境志愿服务活动在云南西双版纳地区实施，持续推进文化润边，丰富边疆民族地区文旅体验。在江西宜春，当地持续开展"宜随春好 春与人宜"文旅服务质量提升"满意100%"行动，文明旅游志愿活动获得广泛响应。在江西南昌，市图书馆将"图书大篷车"开进东湖区、青山湖区、青云谱区和南昌县10个乡村，以"红色文化""传统文化""科普文化""诵读长江"四大主题，为孩子们搭建起暑期文化活动平台。南京创办文化活动品牌，"启明星"群众文艺明星选拔大赛，遴选60名"群众文艺明星"并成立南京市"启明星"群众文艺志愿服务队，既为市民提供了圆"舞台梦"的机会，也丰富了市民及游客的文化体验。在山东威海，当地问需于民，通过"建立共性需求清单—明确本地具体需求—项目完善提升"的流程，为市民游客策划多元化、个性化、差异化的服务项目。截至目前，威海市已实施300余个文化公益创投项目，培育基层文化志愿团队500余支、基层文艺骨干1万余名，受益群众超30万人次，促进文旅服务"菜单式""订单化"发展，实现了文旅服务供需有效对接。为应对节假日文旅公共服务需求高峰，湖南省文化和旅游厅推动高校文旅志愿服务支队与景区、交通枢纽等进行文旅志愿服务供需有效对接，为维护旺季文旅市场的平稳有序发挥了积极作用。

3. 推进旅游公共服务便利化、体验佳、惠民生

提升旅游公共服务水平，既解决"有没有"的问题，也关心"好不好、满意不满意"的问题。2024年以来，旅游公共服务进一步聚焦于满足游客的核心诉求，完善旅游便民设施，发展智慧旅游，推出惠民生举措。同时，通过推进旅游公共服务标准化、智能化、绿色化提质升级，探索以人为本的现代化旅游公共服务建设，顺应时代发展新趋势、人民群众新期待，保障国民旅游休闲权利保障。

小厕所、大民生，完善提升旅游厕所是旅游公共服务提质升级的重要举措。如何实现旅游厕所由数量增加向品质提升转变？对此，四川有关部门坚持以人为本，把方便群众使用作为新改建旅游厕所的重要标准，探索旅游厕所建设管理的标准化、智能化、绿色化。在自贡市大安区，当地按照《旅游厕所质量要求与评定》国家标准，推进旅游厕所标准化建设。更新完善"全国旅游厕所管理系统"平台信息，开展旅游厕所电子地图标注工作；支持景区配备智能免费厕纸供应系统，游客可通过扫码免费领纸；推进旅游厕所智能化管理，利用互联网技术手段，将旅游厕所纳入智慧数据平台和微信公众号服务程序，帮助游客在手机上就能看到哪里有旅游厕所、距离多远，提供优质便利的公共服务。在广汉，当地结合"千村示范""打造整洁院落""文化旅游名村创建"等相关项目，打造了一批"厕污共治"示范点，推进农村无害化卫生户厕建设，普及农村地区厕所粪污无害化处理。建设"智慧生态，环保厕所"也是通江县开展厕所改建扩建试点的重要内容。例如，川陕苏区王坪旅游景区厕所设置的生态循环系统，通江银耳博物馆智慧旅游厕所建立的生态粪污处理系统与环保集便系统，不仅减少环境污染，预防病毒传播，并且实现了生态循环。

"上云用数赋智"持续提升旅游公共服务便利度。部委层面，文化和旅游部办公厅联合中央网信办秘书局等部委印发《智慧旅游 创新发展行动计划》（以下简称《行动计划》）提出，引导停车场、旅游集散与咨询中心、游客服务中心、景区道路及景区内部引导标识系统等数字化与智能化改造升级，提升基础设施网络化、智能化、协同化水平。《行动计划》强调，在为老年人等特殊群体保留线下服务的基础上，支持智慧旅游线上服务平台针对老年人出游习惯，对手机客户端、网页端等进行适老化改造，不断优化使用体验。地方层面，文旅数据平台不仅成为各地建设数字政府、数字乡村的重要抓手，也是跨区域协同服务配套的着力点。"广州文旅e键通"平台被列入广州市六大民生服务应用项目，既是广州市"十四五"期间的重点文化工程项目，也是广州市"数字政府"智慧文旅重点工程项目。平台整合了广州公共服务机构的资源和要素，完成广州11个区、176个镇街的相关平台覆盖，接入"粤省事""穗好办"、广州市文化广电旅游局官网及微信公众号。市民如游客可一键获取广州范围内的文化和旅游公共服务信息。该平台实名注册认证用户数量已超过1.5亿人，共采集数据逾5.3亿条，接入数字共享模块120个、文化景点近400家，上架文旅产品469种。成渝两地协同涉旅公共服务配套，截至2024年9月构建"书香成渝"全民阅读体系，首创全国公共图书馆跨省通借通还制，推出"川渝阅读一卡通"，覆盖两省市125家公共图书馆，110个数据库，超3000万册图书供两省市读者免费阅读。两地还打通交互壁垒，"一件事一次办"川渝跨省（市）通办文旅证照扩容至11项，压缩办结时限31%，其中6项行政审批实现共享互认。探索"电子社保卡入景区"试点，推动"智游天府""惠游重庆"平台互联，共推公共服务设施便利共享。

针对出行难、停车难、预约难等文旅公共服务难题，提升文旅公共服务体验感。随着自驾游游客数量快速增长，每逢旅游高峰期，重点景区周边道路拥堵、停车困难等问题，直接影响游客出游体验。山东省青州市优化文旅公共服务供给，较好解决了旅游高峰交通拥堵，提升了游客旅游体验满意度，假期旅游交通投诉电话数量直线下降。一方面，当地打造"齐鲁天路"（青州段）工程，建设主题旅游公交专线，丰富游客和市民旅游出行选择，一定程度上缓解旅游黄金期间交通运输压力。另一方面，建设"一中心四平台"智慧文旅综合服务体系，发布旅游交通高峰预警提示，建立与公安、交通、执法、热线办等部门联动快速协调机制，及时处置突发事件和瞬时拥堵问题。为缓解暑期等旅游旺季"一票难求"问题，湖北省博物馆实行暑期延时开放措施，优化实名预约流程，分时段发放当日的退票，倡议本地居民错峰参观。同时，针对"黄牛"抢票倒票、"野导黑导"就地揽客高价收费等问题，实行"人防+技防"相结合，会同相关部门依法处理。2024年暑期（7月和8月），湖北省博物馆共接待海内外观众109万人次，比2023年同期增长12.7%，达到历史同期峰值；通过绿色通道，65周岁以上老年人、残疾人、现役军人等特殊群体免预约登记进馆 85611 人次；文创销售额同比 2023 年暑期增幅超 50%，实现社会效益与经济效益双丰收。

持续推进惠民富民。2024 年以来，有关部门强化旅游宣传推广，举办消费促进活动，组织"中国旅游日""旅游中国 美好生活""文明旅游 美丽中国"等活动，推出系列促消费、惠民生举措。同时，结合法定节假日和寒暑假，激发民众文旅消费热情。公共假日承载中华文化，也是展现中式生活的重要场景。对此，全国各地推出各类文化惠民活动、旅游惠民举措，营造佳节氛围，释放旅游消费需求。各地把满足文旅需求与增强文旅市场活力统一起来，让人民群众有得游、游得起、游得好，更好地服务美好生活、促进经济发展、构筑中华民族共有精神家园。春节期间，湖南开展"欢欢喜喜过大年"2024 年春节文化和旅游消费活动 187 场，并发放马栏山数字文化产业文旅消费券 380 万元。湖南各景区景点也推出惠游"大礼包"等，文旅惠民投入 1000 万元以上。此外，23 家省级特色文旅小镇开展形式多样的文旅惠民活动。为激发暑期旅游消费活力，四川省推出"安逸四川 畅游天府"之"清凉一夏"文化和旅游暑期消费季系列活动。组织各地举办百姓大舞台、万人赏月诵中秋等各类文化惠民活动，联合市州呈现多民族团结过节、乡村农家过节、亲子阅读过节等节日场景，打造一场全民参与的中秋主题文化活动，营造佳节氛围。与此同时，通过发放文旅消费券、推出优惠消费金融产品，持续推动消费扩容提质。成都、泸州、南充、绵阳、乐山、宜宾 6 个国家文化和旅游消费示范（试点）城市开展文旅公共服务赶大集促消费活动。陕西省文化和旅游系统针对暑期特点和游客消费需求，实施 500 余项文旅活动，推出 5 个主题 59 条精品旅游线路、82 个暑期热门打卡地。

第七章

游客满意度与旅游高质量发展

2024年全国游客综合满意度指数80.62，同比增长0.71%，继续保持在"满意"区间，游客满意度回归稳步上升周期。国内旅游市场服务质量维持"满意"区间，出境游客满意度略有下滑，入境便利化政策效应释放，游客满意度显著提升。大众旅游发展新阶段，文化和旅游休闲需求持续细分，旅游消费日益理性。城市旅游空间商圈街区场景创新活跃，助力城市旅游热度延续，为县域旅游营造更多小而美场景，助力旅游目的地格局优化。在需求升级、消费迭代引导下，旅游市场主体创新加速，垂直化、小场景适配多元需求。

一、全国游客满意度回归稳步上升周期

2024年全国游客综合满意度指数为80.62[①]，同比增长0.71%，继续保持在"满意"区间，游客满意度回归稳步上升周期（图7-1）。从细分维度看，现场调查游客满意度略有下滑，网络评论、投诉质监游客满意度增长显著。2024年现场调查游客满意度81.47，略有下滑，同比下降1.12%；网络评论游客满意度80.00，同比增长3.14%；投诉质监游客满意度76.86，同比增长8.35%。随着国内旅游供给侧复苏、旅游市场监管与现代治理能力提升，国内旅游服务质量稳步改善，2023年四季度至2024年三季度已连续四个季度保持稳进回调，游客满意度走出技术性下滑，全国旅游服务质量保持积极向好发展趋势（图7-2）。

---

① 注：本章2024年度游客满意度计算周期均为2023年第四季度至2024年第三季度。

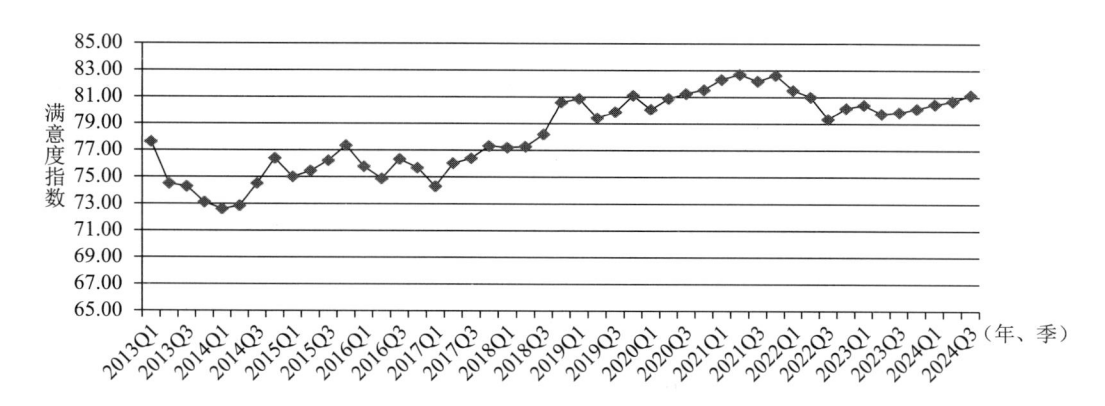

第七章　游客满意度与旅游高质量发展
Chapter 7　Tourist satisfaction and high-quality development of tourism

图 7-1　2013~2024 年三季度全国游客满意度综合指数（季度）

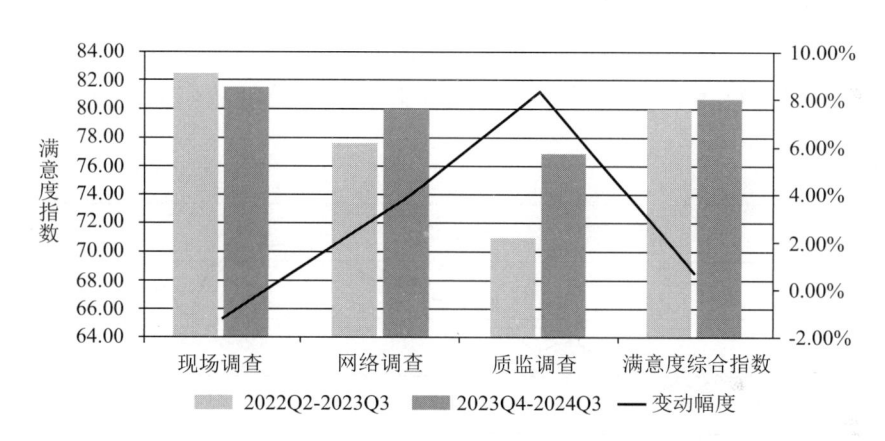

图 7-2　2022 年、2023 年细分游客满意度指标及变动幅度

1. 国内旅游市场服务质量维持"满意"区间

2024 年国内旅游市场游客满意度 81.51，同比下降 1.26%，但游客满意度整体维持在 81~82 分的"满意"水平。经历了 2023 年的快速修复盘整后，旅游目的地和旅游市场主体完成了供应链重组和资源更新，为应对持续增长出游需求提供了坚实的旅游接待服务保障。进入 2024 年，国内居民出游需求持续释放，国内旅游市场进入繁荣发展新阶段，同时，受经济下行、消费预期减弱、动能转换周期和政策效应滞后的影响，旅游领域不同程度地存在着中端消费疲软，高端消费与平替消费并存的现象，国内旅游服务质量提升迎来新的机遇和挑战。从出游形式看，国内散客现场调查满意度 81.56，跟团游客现场调查满意

度 81.75。散客化、自由行市场趋势下，游客对目的地的综合服务能力、城市商业环境、现代治理水平提出了更高要求，从散客和团队游客的细分满意度指标评价可以看出，2024 年散客对旅游目的地形象、目的地交通、购物、公共服务和性价比的评价低于团队游客满意度，一方面是国内跟团游市场正在积极求变，小团游、定制游等团队旅游在特色内容定制、精益服务方面显著提升了游客体验，另一方面面向散客的旅游目的地服务和现代治理提升仍任重道远。当越来越多的游客开始了自驾游，租车服务、城市小交通规划、大交通客流疏导成为更多游客关注的重点；当游客越来越多地进入到异地的生活空间，对旅游目的地形象的感知不再局限于景区、文博场馆等传统旅游环境，居民态度、居民风貌、生活空间质量、城市氛围也成为考虑目的地形象的重要因素；当游客越来越理性，追求更高性价比和更优品质，旅游购物将变得更加挑剔。散客化出行显著改变了游客行为和旅游消费结构，对旅游服务质量从广度到细节深度也提出了更高要求。

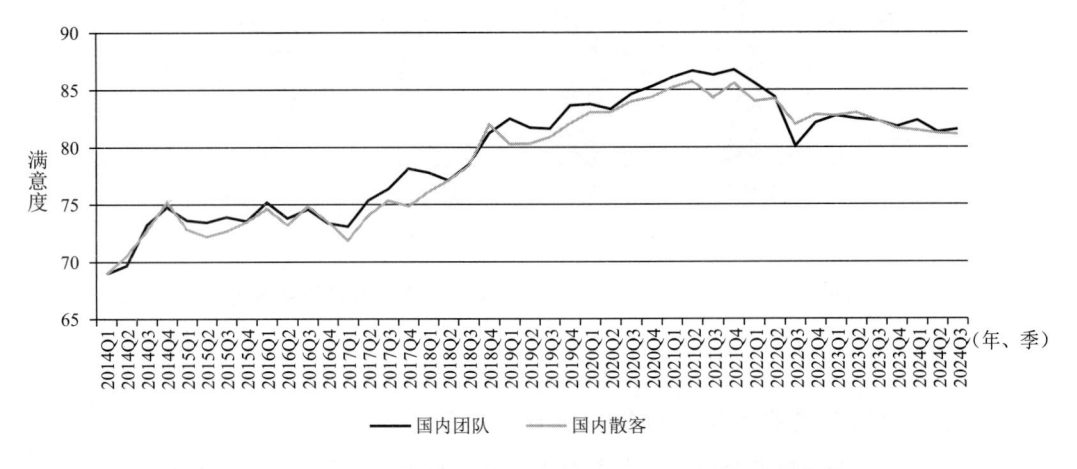

图 7-3 2014~2024 年三季度国内散客、团队游客满意度情况

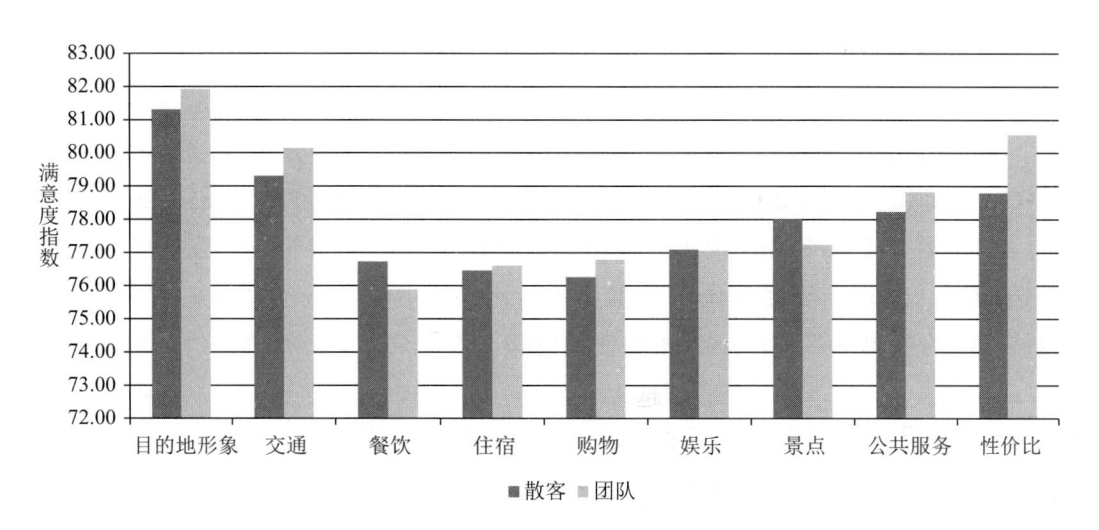

图 7-4　2024 年国内散客、团队游客细分满意度指标对比情况

2. 出境游客满意度略有下滑，供需匹配度有待提升

2024年，出境旅游市场保持快速扩容趋势，服务态度、性价比、语言环境等消费痛点凸显。中国旅游研究院监测数据显示，2024年前三季度，中国出境旅游人数近9500万人次，同比增长52.0%，恢复到2019年的82.0%。国内居民出境旅游规模快速增长，对境外旅游目的地的体验需求也在加速升级，经历了三年国内旅游市场众多高性价比、持续创新旅游产品的体验培育，国内居民对品质、体验、性价比等需求标准不断提高，需求升级与境外目的地资源供给适配情况出现偏差，国内游客对境外主要目的地的旅游服务质量评价出现波动。2024年，出境旅游市场游客满意度81.13，同比下降0.66%，其中出境游客对海外目的地交通、性价比、餐饮、住宿、预订评价有所下降，游客体验痛点主要集中于服务态度、物价水平、语言沟通等方面。

中青年群体以家庭亲子、亲友结伴方式出境体验异地美好生活，成为当前的出境旅游的主导群体。2023~2024年中国旅游研究院内地游客出境旅游行为专项调研（以下简称"研究院调研"）显示，综合2023~2024年前三季度数据，出境内地游客中，22~41岁的中青年群体占比超过八成。从出游方式看，家庭、亲友出境旅游占比近七成，从出游动机看，游览观光（27.3%）、度假休闲（21.6%）、商务旅行（16.1%）为主要诉求。

好食、好住、好休闲，自然观光的标配需求基础上，内地游客更愿意为美好的异地生活体验付费。围绕理性消费、关注体验类、高品质休闲内容等需求新特征，游客走出国门后脚步慢下来了，选择住好一点的酒店，吃好一些的美食，参观博物馆、美术馆，观看高水平的文艺表演，希望发现一些小而精、小而美、小而暖的生活场景并深度体验。游客对优质内容的需求不断升级，在抖音、小红书等生活平台发现美好目的地，种草美食、美宿并开启旅行成为日益普遍的生活方式。研究院调研数据显示，内地游客对以特色美食、民俗风情、度假休闲为主要标签的出境目的地更加青睐。

3. 入境便利化政策效应释放，游客满意度显著提升

入境旅游特别是外国人入境旅游市场实现了超预期增长，游客满意度显著提升。随着签证、移民、口岸和消费支付便利化政策效应释放，国家和地方对外人文交流和旅游推广力度不断加大，入境旅游进入了快速复苏的新通道和繁荣发展的新阶段。2023年四季度至2024年一季度，入境旅游市场游客满意度81.19，同比增长4.29%，2024年前三季度入境游客满意度81.98，同比增长5.31%。入境游客行为及满意度线下调查数据显示，入境游客对国内交通、娱乐、景点、购物评价较高，基于良好体验的未来重游度和推荐度处于高位水平。

入境游客行为及满意度线下调查数据显示，入境旅游需求以休闲度假（38.6%）、自然观光（36.3%）、体验中国文化（32.3%）为主，语言交流、签证办理、旅行费用、交通便利度、饮食习惯是外国游客最为关注的要素。入境游客以自由行（65.1%）为主，其中外国自由行游客占比也达到了60.0%，从跟团入境到以自由行为主的入境方式变化，对国内旅游目的地散客接待服务体系提出更高要求。未来提升入境旅游市场服务质量需要站在城市高位视角，广泛调动资源，靶向解决移动支付、餐饮服务、语言沟通、住宿服务等当前外国人游客反映较多的实际问题，提高综合服务质量。

港澳台入境游客满意度整体保持较好水平，外国人游客满意度提升显著。随着粤港澳大湾区一体化建设持续推进，中国香港、中国澳门赴内地旅游呈现常态化往来、深度休闲体验趋势，国内商圈街区的业态加速创新、城市创意更新、景区产品推陈出新，打造高品质大湾区文旅休闲生态，2024年度港澳台入境游客满意度81.09。为更好推进入境旅游发展，自2023年下半年以来，中央连续出台一系列签证、移民、口岸和消费支付便利化政策，目前中国已与24个国家实现了普通护照全面互免签证，对16个国家实行单方面免签入境，对54

个国家实行 72/144 小时过境免签。此外"大额刷卡、小额扫码、现金兜底"的支付便利化措施，景区、住宿、交通智慧化服务，以及传统文化创意开发展示等显著提升了外国入境旅游者的消费体验感。

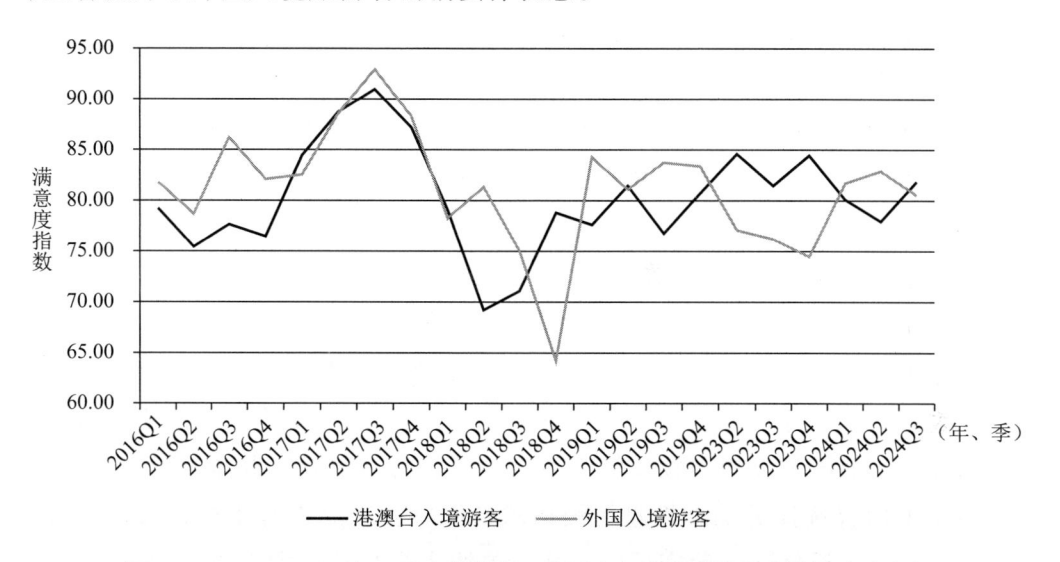

图 7-5　2016~2024 年三季度港澳台、外国人入境游客满意度情况（季度）

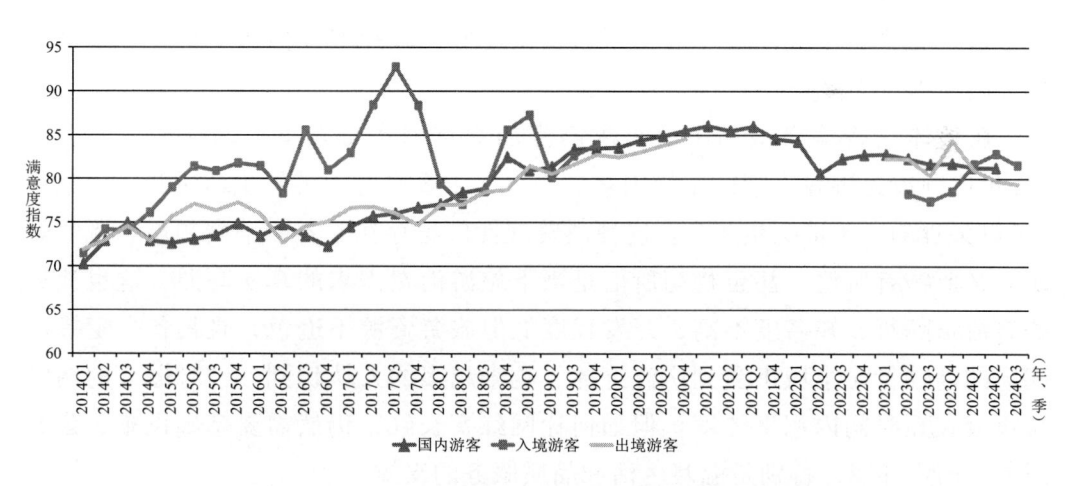

图 7-6　2014~2024 三季度三大市场游客满意度（季度）

二、细分化需求引领多元化、垂直化市场供给

1. 休闲需求持续细分，旅游消费日益理性

出游惯常化、高频化趋势下，居民对旅游内容的丰富度、旅游活动的创新度、服务配套的完善度都有了更高的需求，同时，随着旅游客源市场的持续下沉，越来越多的人群加入旅游中，差异化人群催生了更加多样的休闲需求。单纯以年龄、区域、收入进行广义粗放的度假休闲、自然观光、亲子娱乐等产品划分，已无法精准定位目标人群。大众旅游发展新时期，国内居民的旅游体验诉求更加明确且个性化，对于情绪价值、个性标签等精神需求快速增长。同一年龄、区域的群体，对旅游活动、产品、场景都有了更加碎片化、个性化的需求，年轻化群体对于圈层属性、情感表达、小众场景持续关注，持续翻新的活动、始终处于前沿的风向引领才能吸引年轻消费力；中青年群体对于家庭休闲、亲子研学的内容选择更加理性且持续追求新鲜感，当周末都市游、周边民宿休闲成为常态，品质住宿、萌宠乐园、特色餐饮成为基础标配，不同的亲子主题、专业化匹配各年龄层的互动活动成为关注和决策重点；银发经济快速发展，中老年群体也不再单纯满足于看山看水，微度假、轻疗养、摄影、户外等细分文旅休闲活动更受青睐。

在整体消费偏谨慎和出游需求高涨的双重因素影响下，理性消费、追求"性价比"成为游客决策的主导因素。当下，游客愿意为美好生活付费，但坚持"可以买贵的，不能买贵了"。这种消费理性广泛存在于各级消费领域。既要好玩，又要物有所值，甚至物超所值是当下旅游消费需求的真实写照，这也让那些客流量偏小、知名度不高、开发程度低但旅游资源不逊色，且具备一定接待能力的高性价比小城市受到广泛追捧。越来越多的人认识到，一时爆火的网红城市会在短时间内积聚热度，但如何让网红变长红，仍然需要基础设施、公共服务、商业环境，特别是温暖生活和品质服务的支撑。

2. 城市旅游创新延续客流热度，县域旅游营造更多小而美场景

城市旅游高质量发展稳定了旅游市场基本盘，城市商圈街区场景创新活跃，吸引高频次、高复购客流，助力城市旅游热度延续。依托艺术、时尚、科技、文化等元素植入，城市商圈、街区等空间的场景和业态创新活跃，成为居民和

游客体验美好生活、寻求情绪价值的重要场景，打造了品质旅游休闲的热门地标，助力城市游客满意度提升。上海浦东新区"EKA.天物"艺术街区，通过将20世纪50年代的上海航海仪器总厂多栋老建筑进行改造更新，融入航海元素、拱门元素、清水红砖、水系等多元艺术元素，打造集体验、社交、消费、办公、产业孵化于一体的艺术人文美学街区。成都市积极落实城市更新政策，汇集望平坊、祥和里、香香巷等时尚场景的新街区成为成都旅游新地标、新文化聚集地。

越来越多游客选择低线城市或县城，目的地市场在下沉，推动了国内旅游目的地格局的重构，一方面可以缓解热门旅游城市、头部城市和景区的客流压力，另一方面也为县城旅游资源开发、旅游产业发展和区域发展带来机遇。县城旅游并不是"退而求其次"的选择，而是需求快速迭代下的新趋势，游客对新产品、新场景、新业态的体验需求不断增加，体验了大城市的现代品质之后，县城成为游客感受温暖生活的新空间。县域旅游尚未经受过大规模客流的洗礼，目前的交通、通信等基础设施、住宿、餐饮等旅游配套无法充分承载接纳大规模、短时集聚的客流，县城旅游发展需要参考借鉴城市旅游的发展路径，单凭文化和旅游部门无法解决目前的接待体系问题，需要县城和上级部门给予更多资金、政策、人才扶持，完成交通、医疗、通信等基础服务，引入更多社会资源投入住宿、餐饮、休闲、购物等配套建设和服务创新中，为游客提供更好的旅游服务。县城旅游热度的延续需要立足内容开发与创新，看山看水只是旅游的基底，现代生活品质、特色文化底蕴、创新休闲空间、不断翻新的体验产品才是留住游客的关键，是县城旅游实现爆红到长红的根本路径。

3. 市场主体创新加速，垂直化、小场景适配多元需求

需求细分和谨慎理性消费传导至供给侧，倒逼市场主体创新加速。旅游休闲持续细分，吸引了除传统旅游市场主体之外的更多跨界资源进入，文化、艺术、科技、教育、装备制造等多元主体围绕人们对美好文旅休闲生活的追求，依托各自优势，进行资源整合、内容原创、商业模式创新，推动了从景区度假区等传统旅游场景，到商圈、街区、文化空间、公共空间的产品、业态、场景创新转变。谨慎消费、理性消费理念的主导下，市场主体的创新内卷加剧，市场主体的创新范围在拓展，活动和内容的出新频率在缩短，聚焦细分领域的文化挖掘和原创在深化，只有真正找准定位，契合游客核心诉求的产品才能激发

持续消费。

市场主体更多关注垂直细分领域，深耕小场景、小切口，以精品内容、精益管理匹配市场需求，实现效益增长。旅游需求侧对当前旅游市场的内容供给和服务品质有了更高要求，对小而美、小而暖、小而精的场景更加关注，在需求碎片化形势下，旅游传统业态加速变革与创新，跨界新业态持续注入，行业垂直细分、专业化发展成为主要趋势。基于需求变化、宏观经济形势压力、成本控制约束，市场主体积极进行资源梳理整合，加强需求研判，不断调整目标客群，开发定制化、个性化产品。旅行服务从大团到定制化小团，旅游住宿从传统酒店到高品质度假区、高性价比非标住宿，商圈休闲从传统商场到非标商业。涉旅市场主体正在以全新的现代商业模式和创新产品持续满足新型旅游需求。

三、趋势及建议

推进技术赋能旅游服务与现代治理提升，如依托大模型技术优化旅游产品及线路定制，借助智能装备改善入境游客语言沟通问题等。

针对出境游客集中反馈的性价比低、预订与实际偏差较大等问题，结合境外小众目的地出境旅游热度上升的新形势，引导在线旅游平台及时修正、更新、扩充旅游产品信息，优化预订及售后服务，提升出境旅游服务质量。

引导政府、市场和社会力量，创新旅游宣传推广模式，培育旅游新业态。建设旅游大项目、大投资和大公司的同时，依托城市更新和乡村振兴，研发推出一批"小而美"的主客共享的旅游产品和休闲体验新空间。

责任编辑：谯　洁
责任印制：冯冬青
封面设计：中文天地

图书在版编目（ＣＩＰ）数据

2024年中国旅游经济运行分析与2025年发展预测 / 中国旅游研究院编 . -- 北京：中国旅游出版社，2025. 3. -- ISBN 978-7-5032-7543-2

Ⅰ. F592.3

中国国家版本馆CIP数据核字第202598ZR87号

书　　名：	2024年中国旅游经济运行分析与2025年发展预测
作　　者：	中国旅游研究院　编
出版发行：	中国旅游出版社
	（北京静安东里6号　邮编：100028）
	https://www.cttp.net.cn　E-mail:cttp@mct.gov.cn
	营销中心电话：010-57377103，010-57377106
	读者服务部电话：010-57377107
排　　版：	北京旅教文化传播有限公司
经　　销：	全国各地新华书店
印　　刷：	三河市灵山芝兰印刷有限公司
版　　次：	2025年3月第1版　2025年3月第1次印刷
开　　本：	787毫米×1092毫米　1/16
印　　张：	7.5
字　　数：	111千
定　　价：	48.00元
ＩＳＢＮ	978-7-5032-7543-2

版权所有　翻印必究
如发现质量问题，请直接与营销中心联系调换